**Richterliche Inhaltskontrolle
von Eheverträgen und Scheidungsvereinbarungen**

# Richterliche Inhaltskontrolle von Eheverträgen und Scheidungsvereinbarungen

von

**Dr. Ludwig Bergschneider**

Rechtsanwalt und Fachanwalt für Familienrecht, München,
Lehrbeauftragter an der Universität Regensburg

Verlag C. H. Beck München 2008

Verlag C. H. Beck im Internet:
**beck.de**

ISBN 978 3 406 58170 0

© 2008 Verlag C. H. Beck oHG
Wilhelmstraße 9, 80801 München
Druck: Nomos Verlagsgesellschaft
In den Lissen 12, 76547 Sinzheim

Satz: jürgen ullrich typosatz, 86720 Nördlingen

Gedruckt auf säurefreiem, alterungsbeständigem Papier
(hergestellt aus chlorfrei gebleichtem Zellstoff)

# Vorwort

Dieses Buch, das gleichermaßen die Vertragsgestaltung wie die Vertragsabwicklung behandelt, ist in erster Linie für die Praxis bestimmt, für Rechtsanwälte, Notare und Richter. Es wird deshalb als seine Aufgabe angesehen, die richterliche Inhaltskontrolle insbesondere von Eheverträgen und Scheidungsvereinbarungen auf der Grundlage der Rechtsprechung des Bundesverfassungsgerichts, des Bundesgerichtshofs und der Instanzgerichte darzustellen. Selbstverständlich sind auch Literaturmeinungen berücksichtigt, wobei kritische Äußerungen, auch solche des Autors, ausdrücklich als solche ausgewiesen sind.

Bei der richterlichen Inhaltskontrolle von Eheverträgen und Scheidungsvereinbarungen geht es um die Entscheidung, ob ein Vertrag nach dem Maßstab der Sittenwidrigkeit und/oder der unzulässigen Rechtsausübung zu beanstanden ist oder nicht. Hierbei handelt es sich letztlich nur teilweise um eine rechtliche, eher um einen ethischen Maßstab mit einem breiten Beurteilungsspielraum, der individuell durch den Entscheidenden geprägt und zudem zeitbedingt ist[1]. Die zeitliche Bedingung kann nicht deutlicher als dadurch zum Ausdruck kommen, dass heute Verträge beanstandet werden, die vor Jahrzehnten unter einer Rechtsprechung abgeschlossen wurden, die solche Verträge ausdrücklich billigte. Die neue Rechtsprechung zur richterlichen Inhaltskontrolle bedeutet – überspitzt gesagt – nichts anderes, als der Vorwurf, dass die gesamte Rechtsprechung zu Eheverträgen und Scheidungsvereinbarungen über Jahre hinweg sittenwidrig war und gegen Treu und Glauben verstoßen hat.

Der BGH sieht in seinem grundlegenden Urteil vom 11. Februar 2004 selbst ein, dass sich nicht allgemein und für alle denkbaren Fälle abschließend beantworten lässt, unter welchen Voraussetzungen eine Vereinbarung, durch welche Ehegatten ihre unterhaltsrechtlichen Verhältnisse oder ihre Vermögensangelegenheiten für den Scheidungsfall abweichend von den gesetzlichen Vorschriften regeln, unwirksam ist (§ 138 BGB) oder die Berufung auf alle oder einzelne vertragliche Regelungen unzulässig macht (§ 242 BGB). Dieser Beurteilungsspielraum macht in vielen Fällen die Einschätzung sehr schwierig, ob der konkrete Vertrag beanstandungsfrei ist oder nicht. Wenn es diesem Buch gelingt, für schwierige Fälle weiterführende Gesichtspunkte und in anderen Fällen die guten oder schlechten Aussichten für eine Beanstandung darzustellen, dann könnte es sein Ziel erreicht haben.

---

[1] Siehe dazu *Brudermüller*, Geschieden und doch gebunden? Ehegattenunterhalt zwischen Recht und Moral, S. 47 ff.

Dieses Buch ist auf der Grundlage eines Manuskripts für Vorträge vor Rechtsanwälten, Richtern und Notaren entstanden. Für die vielen darin eingegangenen Fragen, Anregungen, Einwände und Praxisbeispiele danke ich allen Teilnehmern. Mein ganz besonderer Dank gilt unserer Kanzleichefin Hannelore Rottschäfer für ihr Mitwirken an diesem Buch, insbesondere für ihre umfangreichen Verständnisprüfungen, ihre Korrektur- und Formatierungsarbeiten.

München, im Mai 2008　　　　　　　　　　　　　　　Ludwig Bergschneider

# Inhaltsverzeichnis

| | |
|---|---|
| Abkürzungsverzeichnis | XIII |
| Schrifttumsverzeichnis | XV |
| I. Einführung | 1 |
| II. Zum philosophisch-ideologischen Hintergrund | 3 |
|   1. Wertvorstellungen und Verfassung | 3 |
|   2. Der philosophisch-ideologische Kontext | 3 |
|     a) Subjektive Seite | 3 |
|     b) Objektive Seite | 4 |
|     c) Die beiden Elemente | 5 |
| III. Richterliche Inhaltskontrolle von Eheverträgen, Scheidungsvereinbarungen, Trennungsvereinbarungen nach der Rechtsprechung des BVerfG | 7 |
|   1. Das Urteil vom 6. Februar 2001 | 7 |
|   2. Der Beschluss vom 29. März 2001 | 8 |
|   3. Die Ansatzpunkte | 8 |
|   4. Die objektive und die subjektive Seite bei der unangemessenen Benachteiligung | 9 |
|   5. Das Kindeswohl | 10 |
|   6. Verfassungsrechtlicher Ausgangspunkt | 10 |
|     a) Schutz vor unangemessener Benachteiligung | 10 |
|     b) Kindeswohl | 11 |
|     c) Umsetzung von Grundrechten | 11 |
|     d) Rechtsfortbildung | 12 |
|   7. Nachfolgende Gesetzesänderung | 12 |
| IV. Die richterliche Inhaltskontrolle in der Rechtsprechung des BGH | 14 |
|   1. Das grundlegende Urteil des BGH vom 11. Februar 2004 (XII ZR 265/02) – „Archäologin" | 14 |
|     a) Sachverhalt | 14 |
|     b) Vertragsfreiheit und Schutzzweck | 14 |
|     c) Objektive Seite | 15 |
|     d) Kernbereichslehre | 15 |
|     e) Subjektive Seite | 17 |
|     f) Folgen für einen beanstandeten Ehevertrag: Bestandskontrolle, Ausübungskontrolle | 17 |
|     g) Ergebnis | 19 |
|   2. Weitere Entscheidungen des BGH | 19 |
|     a) Die beiden Beschlüsse vom 6. Oktober 2004, insbesondere zum Versorgungsausgleich (XII ZB 110/99 und XII ZB 57/03) – „Versorgungsausgleich 1" und „Versorgungsausgleich 2" | 19 |
|     b) Das Urteil vom 12. Januar 2005 zum weitgehenden Verzicht (XII ZR 238/03) – „Weitgehender Verzicht" | 21 |
|     c) Das Urteil vom 25. Mai 2005 zur Teilnichtigkeit, zu salvatorischen Klauseln und zur Schwangerschaft (XII ZR 296/01) – „Schwangere 1" | 22 |

d) Das Urteil vom 25. Mai 2005 zur Neubewertung und Ermittlung des Vorsorgunterhalts und zum Betreuungsunterhalt (XII ZR 221/02) – „Vorsorgeunterhalt" .................. 23
e) Das Urteil vom 17. Mai 2006 zur Sittenwidrigkeit bei ausnahmslos nachteiligem Inhalt und zur salvatorischen Klausel (XII ZB 250/03) – „Brasilianerin" ........................... 24
f) Das Urteil vom 5. Juli 2006 zu Eheverträgen mit einer Schwangeren (XII ZR 25/04) – „Schwangere 2" ............ 25
g) Das Urteil vom 25. Oktober 2006 zur Sittenwidrigkeit von Eheverträgen zu Lasten der Sozialhilfe (XII ZR 144/04) – „Sozialhilfe" ........................................................... 26
h) Das Urteil vom 22. November 2006 zur Sittenwidrigkeit eines Globalverzichts mit einer erkrankten Ausländerin (XII ZR 119/04) – „Russische Klavierlehrerin 1" ............ 26
i) Das Urteil vom 28. Februar 2007 zur künftigen Einkommenssteigerung (XII ZR 165/04) – „Einkommenssteigerung" ..................................................................... 27
j) Der Beschluss vom 28. März 2007 noch einmal zum Globalverzicht mit einer erkrankten Ausländerin (XII ZR 119/04) – „Russische Klavierlehrerin 2" ........................ 28
k) Urteil vom 28. März 2007 zum Kindesalter, Krankenunterhalt und Güterrecht (XII ZR 130/2004) – „Juweliergeschäft" .................................................................. 29
l) Urteil vom 17. Oktober 2007 zum Zugewinnausgleich (XII ZR 96/05) – „Mehrheitsgesellschafter" ......................... 30
m) Urteil vom 28. November 2007 zum Krankenunterhalt (XII ZR 132/05) – „Krebserkrankung" ........................... 31

**V. Eheverträge, Scheidungsvereinbarungen usw.** .................. 33
1. Eheverträge ............................................................. 33
   a) Ehevertrag im engeren Sinn .......................................... 33
   b) Ehevertrag im weiteren Sinn ......................................... 33
   c) Privatschriftliche Vereinbarung ..................................... 34
   d) Vorsorgende Eheverträge, Krisen-Eheverträge, Scheidungs-Eheverträge ................................................. 34
2. Scheidungsvereinbarungen (Scheidungsfolgenvergleich) ........ 35
   a) Begriff ................................................................... 35
   b) Rechtsprechung ....................................................... 36
   c) Bestandskontrolle, Ausübungskontrolle ........................... 36
3. Trennungsvereinbarungen ............................................ 37
4. Nacheheliche Vereinbarungen ....................................... 37
5. Partnerschaftsvereinbarungen ....................................... 38
   a) Partnerschaften nach dem Partnerschaftsgesetz ................ 38
   b) Sonstige Partnerschaften ............................................ 38

**VI. Allgemeine Gesichtspunkte und einzelne Vertragsgegenstände** 40
1. Einzelne Gesichtspunkte ............................................. 40
   a) Kein Mindestgehalt ................................................... 40
   b) Gesamtschau .......................................................... 41
   c) Schutz für den Verpflichteten ...................................... 42
   d) Zusagen ................................................................. 42
   e) Verträge aus zurückliegender Zeit ................................. 43
   f) Prüfungsvorgang ..................................................... 43
2. Das Problem des Betreuungsunterhalts nach § 1570 BGB ........ 44
   a) Alter des Kindes ..................................................... 45

| | |
|---|---|
| b) Höhe des Unterhalts | 49 |
| c) Anschlussunterhalt | 50 |
| d) Solidaritätsunterhalt (§ 1570 II BGB) | 51 |
| 3. Verzicht auf einzelne Unterhaltstatbestände außerhalb von § 1570 BGB, Höhe des Unterhalts, zeitliche Begrenzung, Abfindung | 51 |
| a) Allgemeines | 51 |
| b) Unterhalt wegen Krankheit | 53 |
| c) Unterhalt wegen Alters | 54 |
| d) Zu den übrigen Unterhaltstatbeständen | 55 |
| e) Verschärfung der Verwirkung (§ 1579 BGB) | 56 |
| f) Höhe des Unterhalts | 57 |
| g) Unterhaltsabfindung | 58 |
| h) Vereinbarungen über den Rang | 58 |
| i) Subjektive Seite | 58 |
| 4. Vorsorgeunterhalt | 59 |
| 5. Eheliches Güterrecht | 60 |
| a) Grundsatz | 60 |
| b) Zum Güterstand im Wirtschaftsleben | 61 |
| c) Grenzen der güterrechtlichen Freiheit | 61 |
| d) Direktversicherung usw. | 63 |
| e) Ausgleichszahlung | 64 |
| f) Beanstandung der erbrechtlichen Konsequenzen | 64 |
| g) Steuerlicher Vorteil auf Grund einer Beanstandung | 65 |
| h) Modifizierte Zugewinngemeinschaft | 66 |
| i) Gütergemeinschaft | 67 |
| j) Vermögensregelungen außerhalb des Güterrechts | 67 |
| k) Resümee | 68 |
| 6. Versorgungsausgleich | 68 |
| a) Hochrangigkeit des Versorgungsausgleichs | 68 |
| b) Nähe zur Genehmigungsbedürftigkeit | 69 |
| c) Betreuung von gemeinsamen Kindern | 71 |
| d) Folgen der Ausübungskontrolle – Folgen der Bestandskontrolle | 71 |
| 7. Totalverzicht, Globalverzicht | 72 |
| a) Kein unverzichtbarer Mindestgehalt | 72 |
| b) Subjektive Seite | 72 |
| 8. Verfügungen von Todes wegen | 73 |
| 9. Wahl des Güterrechtsstatuts | 75 |
| a) Besondere Problematik | 75 |
| b) Besonderheiten ausländischer Rechtsordnungen | 75 |
| c) Ordre public | 76 |
| 10. Freistellung vom Kindesunterhalt | 76 |
| 11. Weitere Vertragsgegenstände | 76 |
| a) Hausrat | 76 |
| b) Ehewohnung | 77 |
| c) Namensrecht | 77 |
| d) Aufenthaltsverbot | 77 |
| 12. Präambel, Vorspann | 78 |
| VII. Formelle Vorkehrungen gegen die Unwirksamkeit von Eheverträgen und Scheidungsvereinbarungen und Berücksichtigung der persönlichen Umstände (Vertragsgestaltung und Vertragsabwicklung) | 79 |

| | |
|---|---|
| 1. Belehrung | 79 |
| 2. Verhandlungsdauer | 80 |
| 3. Vertragsentwurf | 80 |
| 4. Anwaltliche Beratung | 80 |
| 5. Drucksituation | 81 |
| 6. Schwangerschaft | 81 |
| 7. Lebenserfahrung, persönliche Defizite usw. | 82 |
| 8. Ehen mit Ausländern | 83 |
|    a) Sprachprobleme | 83 |
|    b) Ausweisungsdruck | 84 |
|    c) Ausländerrechtliche Vorteile | 85 |
| 9. Rückgewähr | 85 |
| 10. Transparenzgebot | 86 |
| 11. Dokumentation | 86 |

**VIII. Störung der Geschäftsgrundlage, Gesetzliches Verbot, Verträge zu Lasten der Sozialhilfe, verbotene Kommerzialisierung, Anfechtung, Vereinbarungen zum Scheidungsantrag** ... 87

| | |
|---|---|
| 1. Störung der Geschäftsgrundlage | 87 |
| 2. Gesetzliches Verbot | 88 |
| 3. Vereinbarungen zu Lasten der Sozialhilfe | 88 |
| 4. Verbotene Kommerzialisierung | 88 |
| 5. Steuerlich unkorrekte Regelungen | 89 |
| 6. Vereinbarungen zur Beantragung der Scheidung | 89 |
|    a) Zustimmung | 89 |
|    b) Ausschluss und Erschwerung der Scheidung | 89 |
| 7. Anfechtung | 90 |

**IX. Zur obergerichtlichen Rechtsprechung** ... 91

**X. Bestandskontrolle (§ 138 I BGB) – Ausübungskontrolle (§ 242 BGB) – Teilnichtigkeit – Salvatorische Klauseln** ... 92

| | |
|---|---|
| 1. Bestandskontrolle (§ 138 I BGB) | 92 |
|    a) Grundsätze | 92 |
|    b) Zurückhaltende Anwendung | 93 |
|    c) Beurteilung des Einzelfalles | 93 |
|    d) Rechtsfolgen | 94 |
|    e) Kritik | 94 |
| 2. Teilnichtigkeit und salvatorische Klauseln bei der Bestandskontrolle | 95 |
|    a) Allgemeine Rechtsprechung | 95 |
|    b) Regel/Ausnahme | 95 |
|    c) Praxis | 96 |
|    d) Teilweise begünstigende Klauseln | 97 |
| 3. Ausübungskontrolle (§ 242 BGB) | 98 |
|    a) Grundsätze | 98 |
|    b) Nachrangigkeit | 99 |
|    c) Prüfungszeitpunkt | 99 |
|    d) Rechtsfolgen | 99 |
| 4. Teilunwirksamkeit und salvatorische Klauseln bei der Ausübungskontrolle | 100 |
|    a) Mehrteiliger Ehevertrag | 100 |
|    b) Anforderungen an salvatorische Klausel | 100 |

**XI. Prozessuale Fragen** ... 102
   1. Darlegungs- und Beweislast ... 102

|   |   |
|---|---|
| a) Grundsatz ............................................................................... | 102 |
| b) Ausnahmen .......................................................................... | 102 |
| 2. Alte Urteile und bei früheren Scheidungen nicht geltend gemachte Rechte ............................................................................. | 103 |
| a) Ehegattenunterhalt ............................................................... | 103 |
| b) Versorgungsausgleich ......................................................... | 104 |
| c) Zugewinnausgleich ............................................................. | 104 |
| 3. Geltendmachung im laufenden Prozess ..................................... | 104 |
| a) Stufenklage zum Unterhalt und zum Zugewinnausgleich ... | 105 |
| b) Versorgungsausgleich ......................................................... | 105 |
| 4. Feststellungsklagen .................................................................. | 105 |
| a) Feststellungsklage im Verbund ........................................... | 105 |
| b) Isolierte Feststellungsklage ................................................. | 106 |
| 5. Gerichtlich protokollierte Scheidungsfolgenvereinbarungen .... | 106 |
| a) Sittenwidrigkeit .................................................................. | 106 |
| b) Unzulässige Rechtsausübung ............................................. | 107 |
| c) Gemeinsames Verfahren .................................................... | 107 |
| d) Vergleich über einzelnen Gegenstand ................................ | 108 |
| **XII. Schlusswort** .................................................................................... | 109 |
| **Anhang 1** .................................................................................................. | 111 |
| **Anhang 2** .................................................................................................. | 116 |
| **Sachregister** ............................................................................................. | 119 |

# Abkürzungsverzeichnis

| | |
|---|---|
| Anm. | Anmerkung |
| Aufl. | Auflage |
| BetrAVG | Betriebsrentengesetz |
| BFH | Bundesfinanzhof |
| BGB | Bürgerliches Gesetzbuch |
| BGH | Bundesgerichtshof |
| BGHZ | Entscheidungen des Bundesgerichtshof in Zivilsachen |
| Bekl. | Beklagte/Beklagter |
| BeurkG | Beurkundungsgesetz |
| BVerfG | Bundesverfassungsgericht |
| DRV | Deutsche Rentenversicherung |
| ehel. | ehelich |
| ErbStG | Erbschaftssteuer- und Schenkungssteuergesetz |
| FamRZ | Zeitschrift für das gesamte Familienrecht |
| FF | Forum Familien- und Erbrecht |
| FGG | Gesetz über die Angelegenheiten der freiwilligen Gerichtsbarkeit |
| FPR | Familie, Partnerschaft, Recht |
| ges. | gesetzlich |
| GG | Grundgesetz für die Bundesrepublik Deutschland |
| Hrsg. | Herausgeber |
| i. S. | im Sinne |
| i. V. | in Verbindung |
| Kl. | Kläger/Klägerin |
| NJW | Neue Juristische Wochenschrift |
| Rn. | Randnummer |
| SüdL | Unterhaltsrechtliche Leitlinien der Oberlandesgerichte in Süddeutschland |
| ZPO | Zivilprozessordnung |

# Schrifttumsverzeichnis

*Bayer/Koch* (Hrsg.), Schranken der Vertragsfreiheit. Tagungsband mit Beiträgen von J. Isensee, D. Schwab, R. Kanzleiter, E. Koch, W. Bayer, Baden-Baden 2007
*Bergschneider,* Verträge in Familiensachen, 3. Aufl., Bielefeld 2006
*Borth,* Unterhaltsrechtsänderungsgesetz (UändG), Bielefeld 2007
*Brambring,* Ehevertrag und Vermögenszuordnung unter Ehegatten, 6. Aufl., München 2008
*Braun,* Rechtsphilosophie im 20. Jahrhundert – Die Rückkehr der Gerechtigkeit, München 2001
*Brudermüller,* Geschieden und doch gebunden? Ehegattenunterhalt zwischen Recht und Moral, München 2008
*Fögen,* Das Lied vom Gesetz, München 2006
*Gerhardt/v. Heintschel-Heinegg/Klein,* Handbuch des Fachanwalts Familienrecht, 6. Aufl., München 2008 – abgekürzt: FA-FamR/*Bearbeiter*
*Habermas,* Faktizität und Geltung, Frankfurt (Main) 1992
*Hager (Hrsg.),* Vertragsfreiheit von Ehevertrag? Tagungsband mit Beiträgen von M. Hahne, C. Münch und E. Peppen, Baden-Baden 2008
*Hamm,* Strategien im Unterhaltsrecht, München 2008
*Haußleiter/Schulz,* Vermögensauseinandersetzung bei Trennung und Scheidung, 4. Aufl., München 2004
*Herr,* Kritik der konkludenten Ehegatteninnengesellschaft – Der Ausgleich ehelicher Mitarbeit als ehebezogene Wertschöpfung im Rahmen richterlicher Inhalts- und Ausübungskontrolle von Eheverträgen, Bonn 2008
*Johannsen/Henrich,* Eherecht – Trennung, Scheidung, Folgen, Kommentar, 4. Aufl., München 2003
*Kalthoener/Büttner/Niepmann,* Die Rechtsprechung zur Höhe des Unterhalts, 10. Aufl., München 2008
*Klein,* Das neue Unterhaltsrecht 2008, Bonn 2008
*Kogel,* Strategien beim Zugewinnausgleich, 2. Aufl., München 2007
*Langenfeld,* Handbuch der Eheverträge und Scheidungsvereinbarungen, 5. Aufl., München 2005
*Münch,* Ehebezogene Rechtsgeschäfte, 2. Aufl., Münster 2007
Münchener Kommentar/*Bearbeiter,* 5. Aufl., München 2007 ff.
Palandt/*Bearbeiter,* Bürgerliches Gesetzbuch (Kommentar), 67. Aufl. mit Nachtrag, München 2008
Palandt/*Heinrichs,* Bürgerliches Gesetzbuch (Kommentar), 61. Aufl., München 2002
*Rawls,* Gerechtigkeit als Fairneß, Frankfurt (Main) 2003
*Sanders,* Statischer Vertrag und dynamische Vertragsbeziehung – Wirksamkeits- und Ausübungskontrolle von Gesellschafts- und Eheverträgen, Bielefeld 2008
*Schnitzler* (Hrsg.), Münchener AnwaltsHandbuch Familienrecht, 2. Aufl., München 2008
*Scholz/Stein,* Praxishandbuch Familienrecht, Loseblattausgabe, Bearbeitungsstand 2008
*Schröder/Bergschneider,* Familienvermögensrecht, 2. Aufl., Bielefeld 2007
*Schwab,* Familienrecht, 15. Aufl., München 2007
*Schwab,* Handbuch des Scheidungsrechts, 5. Aufl., München 2004

*Staudinger, J.* von Staudingers Kommentar zum Bürgerlichen Gesetzbuch mit Einführungsgesetz und Nebengesetzen (Jahr der Neubearbeitung), Berlin
*Stresow,* Die richterliche Inhaltskontrolle von Eheverträgen, Dissertation, Berlin 2006
*Thomas/Putzo,* Zivilprozessordnung mit Gerichtsverfassungsgesetz, den Einführungsgesetzen und europarechtlichen Vorschriften, 2. Aufl., München 2007
*Troll/Gebel/Jülicher,* Erbschaftssteuer- und Schenkungssteuergesetz, Kommentar, Loseblattausgabe, Stand: 10. Oktober, München 2007
*Viefhues,* juris PraxisKommentar BGB, Band 4 Familienrecht, 2. Aufl., Saarbrücken 2005
*Viefhues/Mleczko,* Das neue Unterhaltsrecht 2008, 2. Aufl., Münster 2008
*Weinreich/Klein,* Kompaktkommentar Familienrecht, 3. Aufl., München 2008
*Wever,* Vermögensauseinandersetzung der Ehegatten außerhalb des Güterrechts, 4. Aufl., Bielefeld 2006
*Wiemer,* Inhaltskontrolle von Eheverträgen – Eine kritische Auseinandersetzung mit der Kernbereichslehre des BGH, Dissertation, Bielefeld 2007
*Zippelius/Würtenberger,* Deutsches Staatsrecht, 31. Aufl., München 2005

## I. Einführung

Seit dem Urteil des BGH vom 14. Juli 1953[2], in dem der damalige gesetzliche Güterstand der Verwaltung und Nutznießung als gegen den Gleichheitssatz des Art. 3 I GG verstoßend und damit für verfassungswidrig erklärt wurde, hat auf dem Gebiet des Familienrechts keine Gerichtsentscheidung mehr so große Aufmerksamkeit in der Öffentlichkeit gefunden wie das Urteil des BVerfG vom 6. Februar 2001[3] zur richterlichen Inhaltskontrolle von Eheverträgen. So groß war das Erstaunen vieler Familienrechtler und anderer Juristen über dieses Urteil und den nachfolgenden Beschluss vom 29. März 2001[4], welche die **Vertragsfreiheit** auf dem Gebiet des Ehevertragsrechts stark einschränkten, dass sie die Auswirkungen der neuen Rechtsprechung nicht immer sofort in ihrer vollen Bedeutung würdigen konnten. So hatte *Heinrichs* noch in der 61. Auflage (2002!) des Palandt-Kommentars die bis dahin geltende Ansicht knapp und eindeutig festgestellt: Eheverträge und Scheidungsvereinbarungen seien einer richterlichen Inhaltskontrolle nicht zugänglich; bei ihnen liege regelmäßig keine inhaltliche Disparität vor[5]. Es war deshalb nicht erstaunlich, dass auch noch das drei Jahre später ergangene Folgeurteil des BGH vom 11. Februar 2004[6] für die juristische Fachwelt, die Medien und die Bürger so überraschend war, dass es sogar als „Blitzschlag"[7] bezeichnet wurde.

Mittlerweile hat diese Rechtsprechung zu familienrechtlichen Verträgen eine Karriere gemacht, die einen verleiten könnte, für die Einführung des Fachanwalts für richterliche Inhaltskontrolle zu plädieren. Nachfolgend wird davon ein kleiner Ausschnitt davon zur Orientierung in diesem unübersichtlichen Gebiet gebracht.

Diese Urteile haben eine lange und gefestigte **Judikatur abgelöst.** Das BVerfG hatte sich bis dahin nicht gegen die Vertragsfreiheit auf dem Gebiet des Familienrechts ausgesprochen. Auch der BGH hatte in ständiger Rechtsprechung die Vertragsfreiheit im Familienrecht, soweit sie nicht gesetzlichen Vorschriften widersprach, im Wesentlichen unangetastet gelassen und festgestellt, für Vereinbarungen vermögensrechtlicher Art, die Ehegatten während der Ehe oder vorsorglich schon vor der Ehe-

---

[2] BGHZ 10, 266.
[3] BVerfG FamRZ 2001, 343.
[4] BVerfG FamRZ 2001, 985.
[5] Palandt/*Heinrichs,* 61. Aufl. 2002, Einf. vor § 145 BGB Rz. 15.
[6] FamRZ 2004, 601 – „Archäologin" –.
[7] Vgl. Süddeutsche Zeitung vom 11. Februar 2004.

schließung für den Fall einer späteren Scheidung treffen, bestehe grundsätzlich volle Vertragsfreiheit[8].

Wer allerdings gelegentlich einen Blick über den Gartenzaun des Familienrechts geworfen hatte, den konnte die neue Rechtsprechung des BVerfG nicht völlig überraschen. Bis zur Verkündung des erwähnten Urteils des BVerfG stand nämlich das Familienrecht mit seiner weitgehend unbeschränkten Vertragsfreiheit innerhalb der gesamten Zivilrechtsprechung gleichsam als **einsame Insel** da. Für andere **Rechtsgebiete** galten für die Vertragsfreiheit bereits längst sehr bedeutsame Einschränkungen. Erwähnt seien lediglich die unter den Stichworten „**gestörte Vertragsparität**" oder „**vertragliche Disparität**" ergangenen Entscheidungen zum entschädigungslosen Wettbewerbsverbot von **Handelsvertretern**[9], zur Inhaltskontrolle von **Bürgschaften** usw.[10] und zum Recht der **Allgemeinen Geschäftsbedingungen**. An diese Rechtsprechung knüpft das BVerfG ausdrücklich an und überträgt die dort entwickelten Grundsätze auf Eheverträge und Unterhaltsvereinbarungen[11]. Insbesondere die Verwandtschaft der verfassungsrechtlich festgestellten Grundsätze zur richterlichen Inhaltskontrolle einerseits und zum Recht der Allgemeinen Geschäftsbedingungen andererseits ist unübersehbar.

---

[8] So z.B. BGH FamRZ 1997, 156. Zur familienvertraglichen Welt von gestern sei aus einem Urteil des AG München vom 30. März 2001 (525 F 9928/00) zitiert: „Der (notarielle) Ehevertrag ist ein legitimes Mittel des vermögenden Ehepartners sich vor der hemmungslosen Abkassiererei durch den wirtschaftlich schwächeren Partner zu schützen."
[9] BVerfG NJW 1990, 1469.
[10] BVerfG NJW 1994, 36.
[11] Siehe dazu *Höland* und *Sethe*, FamRZ-Buch 22, S. V ff.

## II. Zum philosophisch-ideologischen Hintergrund

### 1. Wertvorstellungen und Verfassung

Ein solcher **Paradigmenwechsel** in der Rechtsprechung, wie er in der Einschränkung der Vertragsfreiheit – nicht nur auf dem Gebiet des Familienrechts – zum Ausdruck kommt, ergeht oft vor einem philosophischen oder zumindest ideologischen Hintergrund, den auch der Praktiker, der Lösungen in nicht alltäglichen Fragen sucht, kennen sollte. Dieser Hintergrund kann ihm manchmal bei der Lösung eines konkreten praktischen Problems hilfreich sein. Insbesondere bei der Gestaltung, aber auch bei der Abwicklung eines schwierigen Ehevertrages wird man der Problematik oft nicht gerecht werden, wenn man nur exegetisch an die Entscheidungstexte herangeht, ihren Hintergrund und ihre **Tendenzen** aber nicht ausreichend beachtet. Dies gilt umso mehr, als die Rechtsprechung zur richterlichen Inhaltskontrolle in sehr vielen Einzelfragen immer noch lückenhaft und widersprüchlich ist.

Auf den Einfluss, den der philosophisch-ideologische Hintergrund auf die verfassungsrechtliche Judikatur ausübt, verweist das BVerfG immer wieder, auch in seinen beiden erwähnten Entscheidungen zur Ehevertragsfreiheit. Schon in früheren Jahren hat es darauf aufmerksam gemacht und gesagt, es

*„... muss in erster Linie von der Gesamtheit der **Wertvorstellungen**[12] ausgegangen werden, die das Volk in einem **bestimmten Zeitpunkt** seiner geistig-kulturellen Wirkung erreicht und in seiner Verfassung fixiert hat."*[13]

### 2. Der philosophisch-ideologische Kontext

Diese Wertvorstellungen werden in ihrer philosophisch-ideologischen Ausprägung in beiden Entscheidungen des BVerfG ganz besonders deutlich erkennbar.

#### a) Subjektive Seite

Zum einen geht es um die Art und Weise des Zustandekommens von Eheverträgen und damit um die subjektive Seite. Dazu zitiere ich *Jürgen Habermas*[14]:

---

[12] Diese und die nachfolgenden Hervorhebungen durch Fettdruck erfolgen durch den Autor.
[13] Vgl. BVerfG NJW 1958, 257.
[14] Siehe: Faktizität und Geltung, S. 329.

*„Die Existenzberechtigung des Staates liegt **nicht** primär im Schutz gleicher subjektiver Rechte, **sondern** in der Gewährleistung eines inklusiven **Meinungs- und Willensbildungsprozesses,** worin sich freie und gleiche Bürger darüber **verständigen,** welche Ziele und Normen im gemeinsamen Interesse aller liegen."*

Wenn auch dieser Satz in erster Linie für den staatlichen Bereich gedacht ist, ist er dennoch auf den individuellen Rechtsverkehr übertragbar[15]. Jedenfalls klingen diese Überlegungen von *Habermas* in den Ausführungen des BVerfG zum Zustandekommen familienrechtlicher Verträge unüberhörbar an[16]:

*„... gilt auch für Eheverträge, dass bei einer **besonders einseitigen Aufbürdung** von vertraglichen Lasten und einer **erheblich ungleichen Verhandelungsposition** der Vertragspartner es zur Wahrung der Grundrechtspositionen beider Vertragsparteien aus Art. 2 1 GG Aufgabe der Gerichte ist, durch vertragliche Inhaltskontrolle und ggf. durch Korrektur mit Hilfe der zivilrechtlichen Generalklauseln zu verhindern, dass sich für den einen Vertragsteil die **Selbstbestimmung in eine Fremdbestimmung** verkehrt. Eheverträgen sind dort Grenzen zu setzen, wo jene nicht Ausdruck und Ergebnis gleichberechtigter Lebenspartnerschaft sind, sondern eine auf **ungleichen Verhandlungspositionen** basierende **einseitige Dominanz** eines Ehepartners widerspiegeln.*

### b) Objektive Seite

Zum anderen geht es um den materiellen Inhalt der Eheverträge und damit um die objektive Seite. Hier kommt ein partizipatorisch-solidarisches Denken zum Ausdruck, das zwar schon die gesamte europäische Geistesgeschichte durchzieht, in modernem Gewand sich aber wieder lautstark in der zeitgenössischen Rechtsphilosophie zu Wort meldet[17]. Beispielhaft sei *John Rawls*[18] genannt, wenn er sich den als vielfach vertreten bezeichneten Vorschlag zu Eigen macht:

*„Die von der Ehefrau geleistete Arbeit des Großziehens der Kinder sollte sie (falls sie diese Last in der heute noch üblichen Form trägt) gesetzlich dazu berechtigen, die Hälfte des Einkommens zu empfangen, das ihr Mann während der Ehezeit verdient. Falls es zu einer Scheidung kommt,*

---

[15] Von Soziologen und Politologen ist auch bereits von einer „diskursiven Vertragsgestaltung" und von „Geschlechterdemokratie" gesprochen worden.
[16] Vgl. BVerfG FamRZ 2001, 985.
[17] Siehe dazu auch *Grziwotz/Hagengruber,* Das innere Maß des Scheidungsfolgenrechts – Teilhabegerechtigkeit in der Ehe, DNotZ 2006, 32.
[18] Siehe: Gerechtigkeit als Fairneß, S. 257 unter Hinweis auf *Okin,* Justice, Gender, and the Family, Kapitel 7 und 8.

## 2. Der philosophisch-ideologische Kontext

*sollte ihr die Hälfte des während der Ehe angefallenen **Wertzuwachses des Familienvermögens** zukommen.*"

Auf den hier zum Ausdruck kommenden **Teilhabegedanken** ist noch mehrmals zurückzukommen und damit auf die vermögensrechtliche Solidarität in familiären Verhältnissen.

Im zwischenzeitlich ergangenen Beschluss des BVerfG vom 5. Februar 2002[19], in dem es zwar nicht um einen Ehevertrag oder eine Scheidungsvereinbarung, sondern um eine grundlegende Frage zum Ehegattenunterhalt ging, heißt es denn auch folgendermaßen:

„*Art. 6 I i.V. mit Art. 3 II GG schützt die Ehe als eine **Lebensgemeinschaft gleichwertiger Partner** ... Dabei steht es den Ehepartnern frei, ihre Ehe so zu führen, dass ein Ehepartner allein einer Berufstätigkeit nachgeht und sich der andere der Familienarbeit widmet ... Kommen den Ehegatten **gleiches Recht** und **gleiche Verantwortung** bei der Ausgestaltung ihres Ehe- und Familienlebens zu, so sind auch die Leistungen, die sie jeweils im Rahmen der von ihnen in gemeinsamer Entscheidung getroffenen Arbeits- und Aufgabenzuweisung erbringen, als gleichwertig anzusehen. Haushaltsführung und Kindesbetreuung haben für das gemeinsame Leben der Ehepartner keinen geringeren Wert als Einkünfte, die dem Haushalt zur Verfügung stehen. ... Sind die Leistungen, die Ehegatten im gemeinsamen Unterhaltsverband erbringen, gleichwertig, haben beide Ehegatten grundsätzlich auch **Anspruch auf gleiche Teilhabe am Erwirtschafteten**, das ihnen **zu gleichen Teilen zuzuordnen ist**. Dies gilt nicht nur für die Zeit des Bestehens der Ehe, sondern entfaltet seine Wirkung auch nach **Trennung und Scheidung** der Ehegatten auf deren Beziehung hinsichtlich **Unterhalt, Versorgung und Aufteilung des gemeinsamen Vermögens*.*"

Aufgrund dieses Schlusssatzes mit der Erwähnung des gemeinsamen Vermögens und seinem Bezug auf die **Teilhabe** am Erwirtschafteten ist diese Aussage nicht nur auf den Unterhalt zu beziehen[20].

### c) Die beiden Elemente

Diese Hinweise auf den philosophisch-ideologischen Hintergrund und die Zitate aus der Rechtsprechung des BVerfG lassen bereits die **beiden Elemente** erkennen, die für jede Befassung eines Ehevertrages in der Praxis von grundlegender Bedeutung sind: (1) die **objektive Seite** und (2) die **subjektive Seite**. Mit der Darstellung dieses Hintergrundes soll – wie vorhin erwähnt – überhaupt der Versuch unternommen werden, in

---

[19] BVerfG FamRZ 2002, 527.
[20] So aber wohl *Münch,* Inhaltskontrolle von Eheverträgen, ZNotP 2004, 122, 124.

schwierigen Fragen der Vertragsgestaltung und der Vertragsabwicklung zumindest Mutmaßungen über Zulässiges und Unzulässiges anzustellen, wobei auf die in der **Praxis** oft vernachlässigte subjektive Seite ganz besonders hingewiesen werden soll. Dies gilt zudem deshalb, weil in den bisher ergangenen Entscheidungen des BGH dieser in den Formulierungen des BVerfG zum Ausdruck gekommene philosophisch-ideologische Hintergrund noch nicht in vollem Umfang erscheint und es vor allem scheint, dass der BGH dem Teilhabegedanken – also der güterrechtlichen Teilhabe – nicht den gleich hohen Stellenwert einräumt wie das BVerfG.

Aber versuchen wir zunächst einmal, uns mit den konkreten Aussagen des BVerfG und des BGH zur richterlichen Inhaltskontrolle auf dem Gebiet des Familienrechts allgemein zu befassen[21].

---

[21] Zum „Umbruch" im Familienrecht und insbesondere zum ehelichen Vertragsrecht siehe *Dieter Schwab,* From Status to Contract – Aspekte der Vertragsfreiheit im Familienrecht im Lichte seiner Reformen, DNotZ Sonderheft 2001, 9 ff.

## III. Richterliche Inhaltskontrolle von Eheverträgen, Scheidungsvereinbarungen, Trennungsvereinbarungen nach der Rechtsprechung des BVerfG

Wenn auch die erwähnten Entscheidungen ausschließlich **Eheverträge** – was das BVerfG auch immer darunter versteht[22] – betreffen, ist mittlerweile unstreitig, dass diese Rechtsprechung zumindest in ihren Grundlinien auch für **Scheidungsvereinbarungen**[23], selbst solche, die **gerichtlich beurkundet** sind[24], **nachehelich getroffene Vereinbarungen**[25] und in Ausnahmefällen auch für **Trennungsvereinbarungen** maßgebend ist. Auch **Lebenspartnerschaftsverträge** fallen darunter. Kurzum: Die Rechtsprechung zur richterlichen Inhaltskontrolle gilt für familienrechtliche Verträge aller Art[26]. Wie unten[27] näher dargestellt, kann diese Rechtsprechung auch Auswirkungen auf **erbrechtliche Verfügungen** (Erbverträge, gemeinschaftliche Testamente, Erb- und Pflichtteilsverzichte, Nacherbeneinsetzung) haben.

### 1. Das Urteil vom 6. Februar 2001[28]

> **Leitsatz:**
> „Zur gerichtlichen Kontrolle des Inhalts ehevertraglicher Abreden, die vor der Eheschließung mit einer Schwangeren getroffen werden und die Betreuungs- und Unterhaltssituation des gemeinsamen Kindes nach einer Scheidung berühren, am Maßstab des Art. 2 I i. V. mit Art. 6 IV GG und des Art. 6 II GG."

Eine 26 Jahre alte schwangere Frau mit geringem Einkommen und nicht sehr qualifizierter Ausbildung, die aus erster Ehe ein Kind zu versorgen hatte, hat im Jahre 1976 vor der Eheschließung unter erheblichem Druck des Ehemannes in einer **privatschriftlichen Vereinbarung,** die sie ausarbeiten ließ, auf nachehelichen Unterhalt verzichtet und den Ehemann teilweise vom Kindesunterhalt freigestellt. Eine vermögensmäßige Regelung enthielt die Vereinbarung nicht; sie hätte – soweit güterrechtlichen Inhalts – nach § 1410 BGH auch der notariellen Form bedurft.

---

[22] Im Urteil vom 6. 2. 2001 ging es um einen privatschriftlichen Unterhaltsvertrag, den das BVerfG – entgegen der Legaldefinition in § 1408 I BGB – als Ehevertrag bezeichnete.
[23] So OLG Celle v. 2004, 1202 und 1969 mit Anm. *Bergschneider; Borth* FamRZ 2004, 609 Fn. 3.
[24] Vgl. OLG Thüringen FamRZ 2007, 2097.
[25] Vgl. OLG München FamRZ 2005, 215.
[26] Siehe unten V.
[27] Siehe unten VI.8.
[28] FamRZ 2001, 343; Parallelfundstellen siehe Anhang 2.

Weil die Frau nach der Scheidung bald wieder heiratete, ging es vor dem BVerfG ausschließlich um die vom geschiedenen Ehemann eingeklagte Freistellung vom Kindesunterhalt, nicht etwa um nachehelichen Ehegattenunterhalt[29].

## 2. Der Beschluss vom 29. März 2001[30]

**Leitsatz:**
*„Zur inhaltlichen Kontrolle eines Ehevertrages, der vor der Eheschließung mit einer Schwangeren geschlossen wurde." (Leitsatz der Redaktion der FamRZ)*
*„Zur gerichtlichen Kontrolle des Inhalts von Eheverträgen, die vor der Ehe mit einer Schwangeren abgeschlossen werden und den Ehegattenunterhalt für den Fall der Scheidung ausschließen." (Leitsatz der Redaktion der NJW).*

Notarieller Ehevertrag von 1985, abgeschlossen vor der Eheschließung unter erheblichem Druck des Ehemannes, der ein Monatseinkommen von 7.000 DM hatte. Die Ehefrau ging, weil sie bereits ein schwer behindertes Kind (von einem anderen Mann) zu versorgen hatte, keiner Erwerbstätigkeit nach und wurde vor der Eheschließung erneut schwanger. Es wurden Gütertrennung, Ausschluss des Versorgungsausgleichs und Verzicht auf nachehelichen Unterhalt vereinbart.

Weitere Entscheidungen des BVerfG zur richterlichen Inhaltskontrolle von Eheverträgen sind bisher nicht bekannt geworden.

## 3. Die Ansatzpunkte

Das Urteil vom 6. Februar 2001 stützt sich auf **zwei Gründe:**

– **Zum Ersten,** das Ausgangsurteil habe

*„das Recht der Beschwerdeführerin ... auf Schutz vor* **unangemessener Benachteiligung** *durch den Ehevertrag verkannt. "*[31]

Wie bereits erwähnt[32], sind dabei eine (a) **objektive Seite** und eine (b) **subjektive Seite** zu beachten. Das BVerfG spricht von

*„einer (a)* ***besonders einseitigen Aufbürdung*** *von vertraglichen Lasten und einer (b)* ***erheblich ungleichen Verhandlungsposition*** *der Vertragspartner."*[33]

---

[29] Siehe zu diesem Urteil *Bergschneider,* Zur Inhaltskontrolle von Eheverträgen. Das Urteil des BVerfG v. 6. 2. 2001 und seine Konsequenzen für die Praxis, FamRZ 2001, 1337.
[30] FamRZ 2001, 985; NJW 2001, 2248; Parallelfundstellen siehe Anhang 2.
[31] Vgl. FamRZ 2001, 343, 345.
[32] Siehe oben II.2.c).
[33] Vgl. FamRZ 2001, 343, 345.

– **Zum Zweiten** behandelt das BVerfG verhältnismäßig **selbständig** und nur in einem losen Zusammenhang mit den Ausführungen zur gestörten Vertragsparität das **Interesse des Kindeswohls**.

*„Darüber hinaus hat das OLG den Schutz aus Art. 6 II GG außer Acht gelassen, der vertraglichen Abreden von Eltern im Interesse des Kindeswohls Grenzen setzt."*[34]

– Wir haben es also mit zwei recht **unterschiedlichen Komplexen** zu tun: Einmal mit der gestörten Vertragsparität/unangemessenen Benachteiligung (subjektive Seite plus objektive Seite) und einmal mit dem Kindeswohl. Dieser **doppelte Schutzzweck** wird nicht immer in seiner vollen Tragweite gesehen. Er sollte bei der Vertragsgestaltung im Hinblick auf die für die Kinder erbrachte Betreuungsleistung auch im Zusammenhang mit ehevertraglichen Vermögensfragen im Auge behalten bleiben[35].

## 4. Die objektive und die subjektive Seite bei der unangemessenen Benachteiligung:

– **Stichworte zur objektiven Seite:** Krasses Ungleichgewicht, Ausdruck und Ergebnis gleichberechtigter Lebenspartnerschaft, Verbot einseitiger ehelicher Lastenverteilung
– **Stichworte zur subjektiven Seite:** Strukturelle Unterlegenheit beim Vertragsschluss, einseitige Dominanz, faktisch einseitige Bestimmungsmöglichkeit, ungleiche Verhandlungsposition, Umkehrung der Selbstbestimmung in eine Fremdbestimmung, Unterlegenheitsposition[36].

Diese vom BVerfG verwendeten Stichworte sind für die Konzeption und die Auslegung von familienrechtlichen Verträgen von unterschiedlicher Tauglichkeit, wobei festzustellen ist, dass der Begriff der strukturellen Unterlegenheit im Familienrecht eher ideologischer Natur ist und dem Rechtspraktiker wenig nützt[37]. Allenfalls als Argument der bei Ver-

---

[34] FamRZ 2001, 343, 347.
[35] Dazu *Rawls* Gerechtigkeit als Fairneß, S. 257: Sofern eine fundamentale oder vielleicht sogar ausschlaggebende Ursache der Ungleichheit der Frauen darin besteht, dass im Rahmen der herkömmlichen Arbeitsteilung in der Familie die Frauen den größeren Anteil der Mühe übernehmen, die das Gebähren, Erziehen und Versorgen der Kinder mit sich bringen, müssen Schritte unternommen werden, um entweder den Arbeitsanteil anzugleichen oder die Frauen für ihren größeren Anteil zu entschädigen.
[36] Das OLG Hamm – FamRZ 2004, 201, 202 – bringt das treffende Bild vom **Verhandeln „in gleicher Augenhöhe".**
[37] Die Analyse der patriarchalischen Struktur der Geschlechterbeziehung und damit der strukturellen Unterlegenheit knüpft an die Werke insbesondere von

tragsabschluss schwangeren Frau oder dem ausweisungsbedrohten Ausländer ist dieser Begriff beschränkt tauglich. Er eignet sich eher für die Beurteilung von Rechtsbeziehungen im Wirtschaftsleben, wie im Verhältnis zwischen Bank und Kreditkunde, Versicherungskunde und Versicherungsgesellschaft[38]

## 5. Das Kindeswohl

Bei der Beurteilung des Kindeswohls ist zu beachten, dass es hier **nicht um die Beziehungen der Ehegatten zueinander** geht, nicht um einseitige Dominanz und krasses Ungleichgewicht, sondern um **Rechte Dritter,** nämlich der Kinder. Dazu das BVerfG:

*„Art. 6 II 1 GG begründet für die Eltern gleichermaßen das Recht wie die Pflicht zur Pflege und Erziehung ihrer Kinder. Diese den Eltern zuvörderst zugewiesene Verantwortung hat dem **Kindeswohl** zu dienen, ist also ein **Grundrecht im Interesse des Kindes**. Das **Recht der Eltern** auf freie Gestaltung ihrer Sorge für das Kind verdient deshalb dort **keinen Schutz,** wo sich Eltern ihrer Verantwortung gegenüber dem Kind entziehen und eine Vernachlässigung des Kindes droht."*[39]

Für das Verständnis der Spitzenstellung des **Betreuungsunterhalts** nach § 1570 BGB im Rahmen der **Kernbereichslehre** des BGH ist diese Bewertung des Kindeswohls ausschlaggebend. Das heißt, Vereinbarungen, die sich zu Lasten des Kindeswohls auswirken, sind regelmäßig zu beanstanden – unangemessene Benachteiligung oder objektive und subjektive Seite hin oder her.

## 6. Verfassungsrechtlicher Ausgangspunkt

### a) Schutz vor unangemessener Benachteiligung

– Der Grundsatz der **Vertragsfreiheit** (Art. 2 I in Verbindung mit Art. 6 IV GG) soll nach wie vor gelten.
– **Aber** die Vertragsfreiheit setzt voraus, dass die Bedingungen der Selbstbestimmung des Einzelnen auch tatsächlich gelten und zwar für

---

*Reich, Marcuse* und *Adorno* an; siehe dazu *Grziwotz/Hagengruber,* Das innere Maß des Scheidungsfolgenrechts – Teilhabegerechtigkeit in der Ehe, DNotZ 2006, 32.

[38] Siehe dagegen *Stresow,* Die richterliche Inhaltskontrolle von Eheverträgen, S. 227. Er versucht, dem Begriff der strukturellen Unterlegenheit auch im Familienrecht einen für die Vertragsgestaltung und Vertragsabwicklung praktisch verwendbaren Gehalt zu geben.

[39] FamRZ 2001, 343, 347.

beide Ehegatten. Der Ehevertrag (Gleiches gilt für die Scheidungsvereinbarung) darf nicht durch die **Dominanz** des einen und die **strukturelle Unterlegenheit** des anderen Ehegatten in einer Weise geprägt sein, dass der andere Ehegatte sein Freiheitsrecht nicht mehr ausüben kann.

– Von Bedeutung in diesem Zusammenhang ist auch der vom BVerfG unter dem Stichwort „gleichberechtigte Partnerschaft" ausdrücklich angesprochene **Gleichheitssatz** des Art. 3 II 1 GG. Wie bereits mehrmals erwähnt, ist in der Rechtsprechung der Zivilgerichte noch ungeklärt, welche Auswirkungen der sog. **Teilhabegedanke** spielt. Die Frage, ob in diesem Zusammenhang der Gleichheitssatz bereits ganz ausgelotet und in seiner vollen Bedeutung berücksichtigt ist, bleibt zunächst unbeantwortet. Das Thema vermögensrechtliche Solidarität ist noch nicht ausdiskutiert und in der Rechtsprechung erst angetippt.

Resümee: Es darf **kein Missbrauch** der Vertragsfreiheit eintreten.

**b) Kindeswohl**

– Zur Verantwortung der Eltern gehört nach Art.6 II 1 GG, für einen angemessenen **Unterhalt des Kindes** zu sorgen
– und seine **Betreuung** sicherzustellen.
– Dies gilt besonders für den Fall der **Scheidung**.

**c) Umsetzung von Grundrechten**

Den Praktiker mag es befremden, eine **zivilrechtliche Frage,** nämlich ob ein Ehevertrag (oder eine Scheidungsvereinbarung) wirksam oder zu beanstanden sei, **öffentlich-rechtlich,** nämlich mit Kategorien des Staatsrechts zu beantworten. Wir haben es hier mit neueren Ansätzen der **Grundrechtstheorie,** die unter dem Grundgesetz entwickelt worden sind, zu tun. Seither verstehen sich die Grundrechte auch als Elemente einer grundrechtsorientierten Fortentwicklung der gesamten Rechtordnung oder – wie es auch heißt – einer objektiven **Wertordnung.** Die Entfaltung der objektiven Dimension der Grundrechte wird von namhaften Staatsrechtlern[40] als die spektakulärste Entdeckung des deutschen Staatsrechts nach dem Zweiten Weltkrieg bezeichnet. Diese objektive Dimension muss als verfassungsrechtliche Grundentscheidung für alle Bereiche des Rechts gelten. Man bezeichnet dies als **Ausstrahlungswirkung der Grundrechte;** sie überstrahlen das gesamte in der Normenhierarchie niederrangigere Recht.

Die aufgrund ihrer Ausstrahlung zu erfolgende Umsetzung von Grundrechten als verfassungsrechtlich Wertentscheidungen in das Zivilrecht er-

---

[40] Siehe *Zippelius/Würtenberger,* Deutsches Staatsrecht, 31. Aufl. § 17.II.2.

folgt durch das Medium der **zivilrechtlichen Generalklauseln,** insbesondere der §§ 138 und 242 BGB, die damit zum „Einfallstor" der Grundrechte in das Zivilrecht geworden sind[41]. Man kann auch das Bild vom Transmissionsriemen verwenden, von den Grundrechten als Antriebswelle auf die zivilrechtlichen Generalklauseln als angetriebenes Rad. Damit haben wir ein Problem, das sich regelmäßig bei der Umsetzung von einem Rechtsgebiet in ein anderes ergibt. Bei der richterlichen Inhaltskontrolle geht es im praktischen Ergebnis darum, dass Verfassungsrecht über das Zivilrecht gestülpt wird. Letztlich ist die Gestaltung von Eheverträgen nicht mehr nach zivilrechtlichen, sondern nach verfassungsrechtlichen Grundsätzen vorzunehmen. Man spricht deshalb bereits von einer **Konstitutionalisierung der Rechtsordnung** oder **Vergrundrechtlichung** des ganzen Rechts. Besonders bemerkenswert ist der Titel einer kürzlich erschienenen Abhandlung mit dem Titel: „**Grundrechtstotalitarismus" oder „Selbstbehauptung des Zivilrechts"?**[42] Die Zivilrechtsdogmatik in den Hintergrund zu drängen, bedeutet jedenfalls eine Beschädigung der **Rechtssicherheit.** Diese **Umsetzungsproblematik** macht es deshalb für den Praktiker auch so schwer, in komplizierten Einzelfällen eine kontrollsichere Gestaltung zu finden. Dies gilt ganz besonders, wenn man die philosophisch-ideologische Dynamik bedenkt, die den verfassungsmäßigen Wertentscheidungen zugrunde liegt.

### d) Rechtsfortbildung

Mit dieser Rechtsprechung hat das BVerfG die **familienrechtliche Vertragsfreiheit** aus ihrer gesetzlichen Halterung gebrochen, nämlich der Halterung des § 1585 c BGB für den nachehelichen Unterhalt, des § 1408 II BGB für den Versorgungsausgleich und des § 1408 I BGB für das Güterrecht. Der BGH hat in dieser neuen Situation im Wege der richterlichen Fortbildung auf der Grundlage wissenschaftlicher Vorarbeiten[43] versucht, Strukturen zu erarbeiten, welche der Praxis einen gangbaren Weg weisen.

### 7. Nachfolgende Gesetzesänderung

Seit dem Abschluss der beiden vom BVerfG beurteilten Verträge und dem Erlass der beiden Entscheidungen hat sich die einfach-gesetzliche Rechtslage wesentlich geändert. Insbesondere ist auf Grund des am

---

[41] Siehe MK/*Armbrüster* (5. Aufl.) § 138 Rz. 20.
[42] So der Titel einer Abhandlung von Simon, AcP 2004, 264.
[43] Siehe *Schwenzer,* Vertragsfreiheit im Ehevermögens- und Scheidungsfolgenrecht, AcP 1996, 88; *Dieter Schwab,* „Familiensolidarität" und das Recht, FamRZ 1997, 521; *Dauner-Lieb,* AcP 2001, 295.

1. Januar 2008 in Kraft getreten **Unterhaltsrechtsänderungsgesetzes** der Unterschied der Unterhaltsansprüche der kinderbetreuenden nichtehelichen Mutter i.S. von § 1615 l BGB gegenüber dem Unterhaltsanspruch der ehelichen Mutter i.S. von § 1570 BGB wesentlich geringer geworden[43a], was nicht zuletzt auf eine neuere Entscheidung des BVerfG[44] zurückgeht. Vereinbarungen über nachehelichen Unterhalt, die vor Rechtskraft der Scheidung geschlossen werden, sind nunmehr nach § 1585 c BGB auch formbedürftig geworden[45]. Auch ist die nichteheliche Mutter zumindest nicht mehr in gleichem Maß diskriminiert wie damals; für den Zeitpunkt des Abschlusses des ersten der beiden strittigen Eheverträge spricht das BVerfG sogar noch vom „Stigma der ledig bleibenden Mutter". Dies alles ist jedoch kein Grund dafür, die Rechtsprechung des BVerfG für änderungsbedürftig oder gar für überholt zu halten, da – wie schon die vorhin vorgestellten Schlagworte zeigen – die Begründung in beiden Entscheidungen mit ihrem grundrechtstheoretischen Bezug wesentlich tiefer reichen als die zwischenzeitlich eingetretene Gesetzesänderung und die geänderte soziale Anschauung.

---

[43a] Siehe dazu auch BGH FamRZ 2008, 1739.
[44] Vgl. BVerfG FamRZ 2007, 965.
[45] Siehe dazu *Bergschneider,* Zum Formerfordernis nach der Neuregelung des § 1585 c BGB im Unterhaltsrechtsänderungsgesetz, FamRZ 2008, 17.

## IV. Die richterliche Inhaltskontrolle in der Rechtsprechung des BGH

### 1. Das grundlegende Urteil des BGH vom 11. Februar 2004 (XII ZR 265/02) – „Archäologin"[46]

> **Leitsatz:**
> „Zur Inhaltskontrolle von Eheverträgen."

#### a) Sachverhalt

In seinem grundlegenden – eben durch die neue Rechtsprechung des BVerfG veranlassten – Urteil war 1988 nach der Eheschließung ein Ehevertrag abgeschlossen worden. Die Ehefrau war nicht schwanger, widmete sich der Haushaltstätigkeit, war bereits 32 Jahre alt und hatte eine abgeschlossene geisteswissenschaftliche akademische Ausbildung u.a. als Archäologin. Der Ehemann hatte ein Vermögen von über 1 Mio. DM und ein Nettoeinkommen von monatlich mindestens 27.000 DM. Im Ehevertrag war auf nachehelichen Unterhalt **verzichtet,** ausgenommen der Unterhaltstatbestand der Kindesbetreuung (§ 1570 BGB). Für den Ausschluss des Versorgungsausgleichs wurde ein Äquivalent in Form einer Lebensversicherung vereinbart. Schließlich wurde Gütertrennung vereinbart.

#### b) Vertragsfreiheit und Schutzzweck

Der BGH hebt, wie dies bereits das BVerfG in seinen beiden Entscheidungen getan hat, den Grundsatz der **Vertragsfreiheit** hervor und führt aus, es stehe den Ehegatten grundsätzlich frei, die gesetzlichen Regelungen über den Zugewinn, den Versorgungsausgleich und den nachehelichen Unterhalt ehevertraglich auszuschließen; einen unverzichtbaren Mindestgehalt an Scheidungsfolgen zugunsten des berechtigten Ehegatten kenne das geltende Recht nicht. In enger Anlehnung an die Formulierung des BVerfG fährt der BGH fort, die grundsätzliche Disponibilität der Scheidungsfolgen dürfe bei Gesamtabwägung aller Umstände aber nicht dazu führen, den **Schutzzweck** dieser Regelungen durch vertragliche Vereinbarungen beliebig zu unterlaufen. In diesem Urteil werden der **objektive Aspekt** der Benachteiligung und das **Kindeswohl** hervorgehoben, weni-

---

[46] Vgl. BGH FamRZ 2004, 601 mit Anm. *Borth;* zu weiteren Fundstellen siehe Anhang 2.

ger jedoch der **subjektive Aspekt,** für dessen Missachtung auch keine Anhaltspunkte vorlagen[47].

### c) Objektive Seite

Zum objektiven Aspekt weist das Urteil darauf hin, die Grenze sei dort zu ziehen, wo die vereinbarte **Lastenverteilung** der individuellen Gestaltung der ehelichen Lebensverhältnisse in keiner Weise mehr gerecht werde und für den belasteten Ehegatten – bei angemessener Berücksichtigung der Belange des anderen Ehegatten und seines Vertrauens in die Geltung der getroffenen Abrede – bei verständiger Würdigung des Wesens der Ehe **unzumutbar** erscheine. In diesem Zusammenhang wird der Begriff „**evident einseitig**" geprägt, der mittlerweile zu einem Schlüsselbegriff für die Vertragsgestaltung und Vertragsabwicklung geworden ist.

### d) Kernbereichslehre

Im Zusammenhang mit einer solch evidenten Einseitigkeit und Unzumutbarkeit, so fährt der BGH fort, würden die Belastungen des einen Ehegatten dabei umso schwerer wiegen und die Belange des anderen Ehegatten umso genauerer Prüfung bedürfen, je unmittelbarer die vertraglichen Abbedingungen gesetzlicher Regelungen in den **Kernbereich** des Scheidungsfolgenrechts eingreife (neu: **Kernbereichslehre** im Anschluss an *Dauner-Lieb*[48]). Dabei kommt das Urteil mittels einer abstrakten Gewichtung der einzelnen Scheidungsfolgen zu einer bemerkenswerten **Rangabstufung (Ranking).**

– An erster Rangstelle innerhalb dieses Kernbereichs stehe der **Unterhalt wegen Kindesbetreuung** (§ 1570 BGB),
– an zweiter Rangstelle der **Alters- und Krankheitsunterhalt** (§§ 1571, 1572 BGB), aber auch der **Versorgungsausgleich.**
– An dritter Rangstelle folge der **Unterhalt wegen Erwerbslosigkeit** (§ 1573 I BGB),
– an vierter Rangstelle der **Krankenvorsorge- und Altersvorsorgeunterhalt** (§ 1578 II 1. Variante, III BGB)
– und an fünfter Rangstelle der **Aufstockungs- und Ausbildungsunterhalt** (§§ 1573 II, 1575 BGB).
– Außerhalb des Kernbereichs befinde sich der **Zugewinnausgleich,** der regelmäßig keiner Beschränkung unterliege. Dazu führt der BGH[49] unter anderem Folgendes aus:

---

[47] In weiteren Entscheidungen ist der BGH ausführlich auf subjektive Aspekte eingegangen wie z.B. in FamRZ 2008, 386 – „Mehrheitsgesellschafter" –.
[48] AcP 2001, 295, 319f.; eine Kernbereichslehre gibt es bereits im Gesellschaftsrecht (Hinweis von *Münch* ZNotP 2004, 122, 124).
[49] FamRZ 2004, 601, 605.

## IV. Die richterliche Inhaltskontrolle in der Rechtsprechung des BGH

„Der Zugewinnausgleich weist sich ehevertraglicher Disposition am weitesten zugänglich. Das Eheverständnis erfordert keine bestimmte Zuordnung des Vermögenserwerbs in der Ehe. Die ehel. Lebensgemeinschaft war und ist – als gleichberechtigte Partnerschaft von Mann und Frau – nicht notwendig auch eine Vermögensgemeinschaft. Auch die vom BVerfG – für das Recht des nachehel. Unterhalts – betonte Gleichgewichtigkeit von Erwerbstätigkeit und Familienarbeit hat keine bestimmte Strukturierung der ehelichen Vermögenssphäre zur Folge. ... Zwar sieht der gesetzliche Güterstand eine gleiche Teilhabe der Ehegatten am gemeinsam erwirtschafteten Vermögen vor. Dem liegt die typisierende Vorstellung zugrunde, dass die Ehegatten in ökonomisch gleichwertiger Weise zur Vermögensbildung beitragen. Diese – nur fiktive – Gleichwertigkeit hindert die Ehegatten jedoch nicht, durch Modifizierung oder Abwahl des Regelgüterstandes ihre interne Vermögensordnung einvernehmlich an die individuellen Verhältnisse ihrer konkret beabsichtigten und gelebten Eheform anzupassen und dabei auch eigene ökonomische Bewertungen an die Stelle der ges. Typisierung zu setzen. Schließlich fordert auch das Gebot ehel. Solidarität keine wechselseitige Vermögensbeteiligung der Ehegatten: Deren Verantwortung füreinander ... trägt das geltende Unterhaltsrecht Rechnung. Das geltende Güterrecht knüpft demgegenüber nicht an Bedarfslagen an. ... Zwar wird bei einer Gesamtschau die Versorgungslage des nicht- oder nicht voll erwerbstätigen Ehegatten im Einzelfall auch durch das Ehevermögensrecht mitbestimmt. Grob unbillige Versorgungsdefizite, die sich aus den für den Scheidungsfall getroffenen Absprachen der Ehegatten ergeben, sind jedoch vorrangig im Unterhaltsrecht – weil bedarfsorientiert – und allenfalls hilfsweise durch Korrektur der von den Ehegatten gewählten Vermögensordnung zu kompensieren."

Gegen diese gewundene Formulierung lässt sich bei genauerer Analyse einiges einwenden. Insbesondere: Aus welchen Gründen nur die Bedarfslage der Eheleute gemeinsam ist und nicht auch die Vermögensordnung, bedarf wohl noch einer vertieften Diskussion – auch unter dem Gesichtspunkt der vermögensrechtlichen Solidarität und der Teilhabe.

In einem später ergangenen Urteil hat der BGH[50] die Rangabstufung insoweit geändert, als er den **Kranken**- und **Alters**vorsorgeunterhalt in denjenigen Fällen aus dieser Wertigkeitsleiter herausgenommen und dem jeweiligen Unterhaltstatbestand zugeordnet hat, in denen er ehebedingte Nachteile ausgleichen soll.

---

[50] Vgl. BGH FamRZ 2005, 1449 mit Anm. *Bergschneider* – „Vorsorgeunterhalt" –.

### e) Subjektive Seite

Die Vorentscheidung des OLG München (Senat Augsburg)[51] gab dem BGH damals wenig Gelegenheit, in ähnlich ausführlicher Weise wie das BVerfG auf die **subjektive Seite** einzugehen. Immerhin prägte er den Begriff „**ausgenutzte Unterlegenheit**". Die späteren Entscheidungen des BGH zeigen aber, dass der subjektive Aspekt auch für den BGH von Bedeutung ist. So hat er denn auch in seinen beiden Entscheidungen vom 6. Oktober 2004[52] und seinen Urteilen vom 5. Juli 2006[53] und 17. Oktober 2007[54] mit aller Deutlichkeit auf die subjektive Seite abgestellt.

### f) Folgen für einen beanstandeten Ehevertrag: Bestandskontrolle, Ausübungskontrolle

Wiederum sehr ausführlich befasst sich der BGH mit den **Folgen** eines wegen der evident einseitigen Lastenverteilung beanstandeten Ehevertrags, auf die einzugehen nicht Aufgabe des BVerfG war.

– Als **erster Schritt** sei eine **Wirksamkeitskontrolle gemäß § 138 I BGB in Form einer Bestandskontrolle** vorzunehmen, deren Gegenstand eine auf den **Zeitpunkt des Vertragsschlusses**[55] bezogene **Gesamtwürdigung** der individuellen Verhältnisse der Ehegatten sei. Danach habe der Tatrichter

„*... zu prüfen, ob die Vereinbarung schon im Zeitpunkt ihres Zustandekommens offenkundig zu einer derart einseitigen Lastenverteilung für den Scheidungsfall führt, dass ihr – und zwar losgelöst von der zukünftigen Entwicklung der Ehegatten und ihrer Lebensverhältnisse – wegen Verstoßes gegen die guten Sitten die Anerkennung der Rechtsordnung ganz oder teilweise mit der Folge zu versagen ist, dass an ihre Stelle die gesetzlichen Regelungen gelten.*"[56]

– Von besonderer Bedeutung seien die **Einkommens- und Vermögensverhältnisse** und der geplante oder bereits verwirklichte **Lebenszuschnitt** sowie die **Auswirkungen** auf die Ehegatten und die Kinder. Im Zusammenhang mit § 138 I BGB geht der BGH auf eine **eher restriktive Linie**. **Sittenwidrigkeit** werde nämlich regelmäßig nur dann in Betracht kommen, wenn Regelungen aus dem **Kernbereich** des ge-

---

[51] Vgl. FamRZ 2003, 35 mit Anm. *Bergschneider.*
[52] Vgl. BGH FamRZ 2005, 26 und 185 beide mit Anm. *Bergschneider* – „Versorgungsausgleich 1" und „Versorgungsausgleich 2" –.
[53] Vgl. BGH FamRZ 2006, 1359 – „Schwangere 2" –.
[54] Vgl. BGH FamRZ 2008, 386 – „Mehrheitsgesellschafter" –.
[55] Diesen Zeitpunkt hat der BGH in FamRZ 2005, 1444, 1446 – „Schwangere 1" – mit Anm. *Bergschneider* noch einmal als maßgebend herausgestellt.
[56] Zitiert nach BGH FamRZ 2008, 386, 387 – „Mehrheitsgesellschafter" –.

setzlichen Scheidungsfolgenrechts ganz oder zu erheblichen Teilen abbedungen werden, ohne dass dieser Nachteil durch anderweitige Vorteile gemildert oder durch die **besonderen Verhältnisse** der Ehegatten, den von ihnen angestrebten oder gelebten **Ehetyp** oder durch **sonstige gewichtige Belange** des begünstigten Ehegatten gerechtfertigt seien. Ergebe diese Prüfung, dass der Ehevertrag sittenwidrig und damit unwirksam ist, treten an dessen Stelle die **gesetzlichen Regelungen**. Das bedeutet, dass es eine Rechtsfolgendifferenzierung nicht gibt; die entsprechende Vertragsbestimmung ist (und bleibt) nichtig. Zur Frage einer **Gesamtnichtigkeit/Teilnichtigkeit** (§ 139 BGB) des Vertrages hat der BGH in weiteren Entscheidungen Stellung genommen[57].

– Soweit ein Ehevertrag der Inhaltskontrolle stand halte und auch nicht aus sonstigen Gründen sittenwidrig sei, müsse der Richter in einem **zweiten Schritt** im Rahmen der **Ausübungskontrolle gemäß § 242 BGB** prüfen, ob und inwieweit ein Ehegatte die ihm durch den Vertrag eingeräumte Rechtsmacht missbrauche, wenn er sich im Scheidungsfall darauf berufe, dass diese Rechtsfolge durch den Vertrag wirksam abbedungen sei.

Dabei komme es nicht nur auf den **Zeitpunkt** des Vertragsabschlusses an. Vielmehr sei entscheidend, ob sich nunmehr – im Zeitpunkt des Scheiterns der Lebensgemeinschaft – aus dem vereinbarten Ausschluss der gesetzlichen Scheidungsfolgen eine evident einseitige Lastenverteilung ergebe, die hinzunehmen für den belasteten Ehegatten auch bei angemessener Berücksichtigung der Belange des anderen Ehegatten und seines Vertrauens in die Geltung der getroffenen Abrede sowie bei verständiger Würdigung der Ehe unzumutbar erscheine[58].

Mit anderen Worten: Ob und inwieweit die Berufung auf den Ausschluss gesetzlicher Scheidungsfolgen angesichts der aktuellen Verhältnisse nunmehr **missbräuchlich** erscheine und deshalb das Vertrauen des Begünstigten in den Fortbestand des Vertrages nicht mehr schutzwürdig sei **(unzulässige Rechtsausübung)**. Dazu weist der BGH darauf hin, dass ein Fall der Unzumutbarkeit insbesondere dann vorliegen könne, wenn die tatsächliche einvernehmliche Gestaltung der ehelichen Lebensverhältnisse von der ursprünglichen, dem Vertrag zugrunde liegenden Lebensplanung grundlegend abweiche.

Der Richter habe dann diejenige **Rechtsfolge** anzuordnen, die den jetzigen berechtigten Belangen beider Parteien in ausgewogener Weise Rechnung trage. Es kommt damit zu einer tendenziell unendlichen

---

[57] Vgl. FamRZ 2005, 1444 – „Schwangere 1" – und FamRZ 2006, 1359 – „Schwangere 2" – mit Anm. *Bergschneider.*

[58] Vgl. BGH FamRZ 2004, 601, 606 – „Archäologin" –; 2005, 1444, 1446 – „Schwangere 1" –; 2008, 386, 389 – „Mehrheitsgesellschafter" –.

Rechtsfolgendifferenzierung. Die Frage nach einer entsprechenden Anwendung von § 139 BGB (**Teilnichtigkeit**) stellt sich damit nicht mehr.
- Insgesamt: Die Ausübungskontrolle gemäß 242 BGB ist **nachrangig** gegenüber der Bestandskontrolle gemäß § 138 I BGB.

### g) Ergebnis

Im zu entscheidenden Fall nahm der BGH keinen Fall von Sittenwidrigkeit an, schloss jedoch einen Fall von unzulässiger Rechtsausübung nicht aus, weil sich dieser aus dem Verzicht auf Anschlussunterhalt nach Kindesbetreuung „namentlich aus § 1573 II BGB" ergeben könne und verwies die Sache an das OLG zurück. Dort wurde der Rechtsstreit durch einen Vergleich abgeschlossen.

## 2. Weitere Entscheidungen des BGH

Zur richterlichen Inhaltskontrolle sind neben den beiden Entscheidungen des BVerfG **mittlerweile 15 Entscheidungen** des BGH ergangen. Es kann deshalb von einer gefestigten Judikatur mit einem kanonisiertem Begriffsgebäude, bestehend aus Kernbereich, Rangabstufung, Nachrangigkeit, verstärkter richterlicher Kontrolle, Bestandskontrolle und Ausübungskontrolle gesprochen werden. Um diese große Zahl von Entscheidungen auseinander zu halten und ihren Inhalt kurz zu charakterisieren, habe ich mich entschlossen, sie mit **Kurzbezeichnungen** zu versehen, wie dies auch in anderen Rechtsgebieten, insbesondere im Wettbewerbsrecht, der Brauch ist.

### a) Die beiden Beschlüsse vom 6. Oktober 2004, insbesondere zum Versorgungsausgleich (XII ZB 110/99 und XII ZB 57/03) – „Versorgungsausgleich 1"[59] und „Versorgungsausgleich 2"[60]

> **Leitsatz:**
> („*Versorgungsausgleich 1*") *„Zur Wirksamkeits- und Ausübungskontrolle eines notariellen Ehevertrages, der neben der Vereinbarung der Gütertrennung und dem Ausschluss des Versorgungsausgleichs auch Regelungen über den nachehelichen Ehegattenunterhalt, die Übertragung eines Hausanteils auf den Ehemann und eine Ausgleichszahlung des Ehemannes an die Ehefrau enthält (Fortführung des Senatsurteils vom 11. 2. 2004 – XII ZR 265/02 –, FamRZ 2004, 601).*

---

[59] Vgl. BGH FamRZ 2005, 26 – „Versorgungsausgleich 1" – mit Anm. *Bergschneider*.
[60] Vgl. BGH FamRZ 2005, 185 „Versorgungsausgleich 2" – mit Anm. *Bergschneider*.

> *("Versorgungsausgleich 2")* „Zur Anpassung des ehevertraglichen Ausschlusses des Versorgungsausgleichs an geänderte Verhältnisse und zur Beschränkung des im Rahmen der Ausübungskontrolle durchzuführenden Versorgungsausgleichs auf die ehebedingt entstandenen Versorgungsnachteile eines Ehegatten."

In beiden Entscheidungen ging es darum, ob der Ehevertrag wirksam oder unwirksam und ob damit der Versorgungsausgleich durchzuführen sei. Der BGH verweist auf seine bisherige Rechtsprechung, insbesondere auf seine **Kernbereichslehre** und hebt dabei die besonders starke Stellung des Versorgungsausgleichs hervor. Vereinbarungen über den **Versorgungsausgleich** seien nach denselben Kriterien zu prüfen wie ein vollständiger oder teilweiser Unterhaltsverzicht. Der Versorgungsausgleich sei als vorweggenommener Altersunterhalt mit dem Unterhaltstatbestand wegen Alters (§ 1571 BGB) vergleichbar und gehöre damit zum Kernbereich des gesetzlichen Scheidungsfolgenrechts, wo er bekanntlich den zweiten Rang einnimmt.

Ein vereinbarter Ausschluss des Versorgungsausgleichs sei deshalb am Maßstab des § 138 I BGB (Wirksamkeitskontrolle, Bestandskontrolle) sowie des § 242 BGB (Ausübungskontrolle) einer Prüfung zu unterziehen. Ergebe die hierbei erforderliche umfassende Würdigung, dass die ehevertragliche Regelung des Versorgungsausgleichs unter Berücksichtigung subjektiver Umstände sich bereits im **Zeitpunkt der Vereinbarung** als eine gravierende Verletzung des dem Versorgungsausgleich zugrunde liegenden Gedankens ehelicher Solidarität herausstellt, so habe diese Vereinbarung nach § 138 I BGB keinen Bestand. Das könne namentlich dann der Fall sein, wenn ein Ehegatte sich einvernehmlich der **Betreuung der gemeinsamen Kinder** widmet und deshalb auf eine versorgungsbegründende Erwerbstätigkeit in der Ehe verzichtet. Die hierfür erforderlichen **Gesamtwürdigung** erfordere Feststellungen über Art und Umfang der von den Ehegatten in der Ehe erworbenen Versorgungsanrechte sowie über ihre Vermögenssituation im Zeitpunkt des Vertragsabschlusses; sie müsste auch berücksichtigen, in welchem Umfang die Ehefrau, die nach ihrem Vortrag bereits seit ihrer Eheschließung an einer ihre Erwerbfähigkeit mindernden Rückenerkrankung leide, im Scheidungsfall ihre eigene Altersversorgung durch künftige versicherungspflichtige Tätigkeit voraussichtlich weiter ausbauen könne. Auch sei zu überprüfen, ob die zugesagte Entschädigung (Unterhalt, Vermögensausgleich) als Ausgleich für den Verzicht auf Versorgungsausgleich bestimmt sei und ob sie mit dem entsprechenden Entschädigungsbetrag eigene Versorgungsanrechte erwerben könnte.

Soweit sich der Ausschluss des Versorgungsausgleichs nicht schon als **sittenwidrig** darstellt, habe der Richter im Rahmen der Ausübungskontrolle zu prüfen, ob und inwieweit ein Ehegatte die ihm durch den Vertrag eingeräumte **Rechtsmacht missbraucht,** wenn er sich im Scheidungsfall gegenüber der vom anderen Ehegatten begehrten Durchführung des Versorgungsausgleichs darauf beruft, dass dieser durch den Vertrag wirksam abbedungen sei (§ 242 BGB). Dafür seien **nicht nur** die Verhältnisse im **Zeitpunkt des Vertragsschlusses** maßgebend. Entscheidend sei vielmehr, ob sich nunmehr – im **Zeitpunkt des Scheiterns der Lebensgemeinschaft** – aus dem vereinbarten Ausschluss des Versorgungsausgleichs, allein oder im Zusammenhang mit den übrigen Regelungen des Ehevertrages, eine unzumutbare Lastenverteilung ergibt. In einem Fall[61] kam der BGH zu dem Ergebnis, dass das OLG eine diesen Vorgaben entsprechende Prüfung nicht vorgenommen habe und verwies die Sache an das OLG zurück. Im anderen Fall[62] sah der BGH den Verzicht ebenfalls als unwirksam an, billigte jedoch im Wesentlichen die Verfahrensweise des OLG, mit Hilfe eines Sachverständigen zu ermitteln, welche Versorgungsanrechte die Ehefrau hätte, wenn sie – wie im Ehevertrag angenommen – weitergearbeitet hätte. Dieser **(ehebedingte) Nachteil** wurde ausgeglichen.

**b) Das Urteil vom 12. Januar 2005 zum weitgehenden Verzicht (XII ZR 238/03) – „Weitgehender Verzicht"[63]**

**Leitsatz:**
*„Zur Wirksamkeit von Eheverträgen in Fällen, in denen die berufstätigen Partner schon bei Vertragsschluss nicht damit rechnen, dass aus ihrer Ehe noch Kinder hervorgehen werden (im Anschluss an Senatsurteil v. 11. 2. 2004 – XII ZR 265/02 –, FamRZ 2004, 601)".*

In einer weiteren Entscheidung hatten 44 bzw. 46 Jahre alte Eheleute ohne gemeinsame Kinder vor der Heirat einen Ehevertrag geschlossen. Für beide Ehegatten war es die zweite Ehe. Sie vereinbarten Gütertrennung und den Ausschluss des Versorgungsausgleichs. Ferner verzichteten sie wechselseitig auf nachehelichen Unterhalt, wobei sich der Ehemann verpflichtete, für den Fall der Scheidung an die Ehefrau für jedes vollendete Ehejahr eine „Unterhaltsabfindung" in Höhe von 10.000 DM zu bezahlen, höchstens aber 80.000 DM. Außerdem verpflichtete er sich, für die Ehefrau ab Rechtskraft der Scheidung bis zur Vollendung ihres 60. Lebensjahres Beiträge zur gesetzlichen Rentenversicherung in Höhe der Arbeitnehmer- und Arbeitgeberanteile nach einem monatlichen Bruttoentgelt von 2.000 DM zu entrichten, falls die Ehefrau unverschuldet keine Erwerbstätigkeit ausüben könne. Die Ehefrau beantragte die

---
[61] Vgl. BGH FamRZ 2005, 26 – „Versorgungsausgleich 1" –.
[62] Vgl. BGH FamRZ 2005, 185 – „Versorgungsausgleich 2" –.
[63] Vgl. BGH FamRZ 2005, 691 – „Weitgehender Verzicht" – mit Anm. *Bergschneider.*

Feststellung der Nichtigkeit des Ehevertrages und die Durchführung des Versorgungsausgleichs.

Trotz der erheblichen Benachteiligung der Ehefrau (die für den Verzicht auf nachehelichen Unterhalt und Versorgungsausgleich vorgesehenen Kompensationen – für den Verzicht auf Zugewinnausgleich ist überhaupt keine Kompensation vorgesehen – unterschreiten wohl deutlich die gesetzlichen Ansprüche) hat der BGH diesen Ehevertrag **nicht beanstandet**, weder im Wege der Bestandskontrolle noch der Ausübungskontrolle. Dabei stellt er fest, dass eine Beanstandung aus **subjektiven Gründen** nicht veranlasst sei; es habe für die Ehefrau bei Vertragsabschluss keine Zwangslage bestanden, sie sei auch nicht gehindert gewesen, auf Abschluss und Inhalt des Ehevertrages Einfluss zu nehmen. Zum Ausschluss des Versorgungsausgleichs wies der BGH darauf hin, dass im Hinblick auf das Alter der Eheleute bereits bei der Eheschließung ein nicht unwesentlicher Teil der Altersversorgung üblicherweise bereits erworben sei und im zu entscheidenden Fall die Ehefrau in der Ehe ihre Altersversorgung weiter ausbauen konnte.

In dieser Entscheidung hat der BGH auch interessante Ausführungen zur Zulässigkeit der **Feststellungsklage** gemacht[64].

### c) Das Urteil vom 25. Mai 2005 zur Teilnichtigkeit, zu salvatorischen Klauseln und zur Schwangerschaft (XII ZR 296/01) – „Schwangere 1"[65]

> **Leitsätze:**
> 1. „Zur Wirksamkeitskontrolle von Eheverträgen bei Schwangerschaft.
> 2. Zur Ausübungskontrolle von Eheverträgen in Fällen, in denen sich die wirtschaftlichen Verhältnisse eines Ehegatten in der Ehe wesentlich ändern."

In diesem Urteil ging es um einen unmittelbar vor der Heirat geschlossenen Ehevertrag mit einer hochschwangeren Frau, in dem bei sonstigem nahezu generellen Unterhaltsverzicht der Betreuungsunterhalt bis zum sechsten Lebensjahr des jüngsten Kindes auf 2.000 DM und bis zur Vollendung des 14. Lebensjahres des jüngsten Kindes auf 1.000 DM beschränkt wurde. Ab dem vierzehnten Lebensjahr des Kindes sollte der Unterhalt ganz wegfallen, allerdings mit der Einschränkung, dass der unterhaltsberechtigte Ehegatte unabhängig von dem Alter des oder der Kinder, auch für den Fall, dass das jüngste gemeinsame Kind das 14. Lebensjahr vollendet hat, einen monatlichen Unterhalt von 2.000 DM erhält, begrenzt auf den Zeitraum von zwei Jahren nach Rechtskraft der

---

[64] S. unten Abschnitt VIII.4. – Prozessuale Fragen (2.c) –.
[65] BGH FamRZ 2005, 1444 – „Schwangere 1" – mit Anm. *Bergschneider.*

Scheidung. Im Übrigen sollte der Unterhaltsanspruch enden, wenn der Unterhaltsberechtigte eine nichteheliche Lebensgemeinschaft mit einem neuen Partner eingeht Zudem wurde Gütertrennung vereinbart und der Versorgungsausgleich – allerdings gegen eine Ausgleichsleistung – ausgeschlossen

Der BGH stellt im vorliegenden Fall **keine Sittenwidrigkeit** fest, geht jedoch in diesem Zusammenhang hinsichtlich der subjektiven Unterlegenheit davon aus, dass eine Schwangerschaft bei Abschluss des Ehevertrags für sich allein noch keine Sittenwidrigkeit des Ehevertrages zu begründen vermöge, sie **indiziere** aber eine **ungleiche Verhandlungsposition** und damit eine Disparität bei Vertragsabschluss. Zudem weist er vorsorglich zur Beseitigung eines Missverständnisses darauf hin, dass dann, wenn einzelne Klauseln sittenwidrig sind, **„in der Regel" der gesamte Vertrag nichtig** ist, wenn nicht anzunehmen ist, dass er auch ohne die nichtigen Klauseln geschlossen sein würde, was sich insbesondere aus anderweitigen Parteivereinbarungen, z.B. salvatorischen Klauseln, ergeben könne. Um Feststellungen zur Ausübungskontrolle (§ 242 BGB) und eines Wegfalls der Geschäftsgrundlage (§ 313 BGB) nachzuholen, verweist der BGH die Sache an das OLG zurück.

**d) Das Urteil vom 25. Mai 2005 zur Neubewertung und Ermittlung des Vorsorgunterhalts und zum Betreuungsunterhalt (XII ZR 221/02) – „Vorsorgeunterhalt"**[66]

> **Leitsatz:**
> „Bei der Inhaltskontrolle von Eheverträgen teilt der Krankenvorsorge- und Altersvorsorgeunterhalt den Rang des Elementarunterhalts, soweit die Unterhaltspflicht ehebedingte Nachteile ausgleichen soll."

In diesem Urteil ging es um den Altersvorsorgeunterhalt im Zusammenhang mit einem Unterhaltsanspruch wegen Kindesbetreuung gemäß § 1570 BGB. Die Eheleute hatten am Tag der Heirat einen Ehevertrag geschlossen, in dem sie Gütertrennung vereinbarten und für den Fall der Scheidung wechselseitig umfassend auf Unterhalt verzichteten; der Versorgungsausgleich sollte uneingeschränkt durchgeführt werden. Beide waren damals berufstätig, wollten Karriere machen und wollten keine Kinder. Aus der Ehe gingen zwei Kinder hervor. Der BGH beanstandete den Vertrag trotz des Verzichts auf Betreuungsunterhalt nicht im Wege der Wirksamkeitskontrolle (§ 138 I BGB). Jedoch nahm er bei der Ausübungskontrolle (§ 242 BGB) – weil sich die Lebenssituation gegenüber der bei Vertragsschluss vorgestellten grundlegend geändert hatte – eine **Neubewertung des Altersvorsorgeunterhalts** – und erkennbar auch des

---

[66] BGH FamRZ 2005, 1449 – „Vorsorgeunterhalt" – mit Anm. *Bergschneider.*

**Krankenvorsorgeunterhalts** – vor. In seinem grundlegenden Urteil[67] hatte der BGH den Vorsorgeunterhalt an die vierte Stelle der Wertigkeitsleiter gesetzt. Im jetzigen Urteil wird der Altersvorsorgeunterhalt in denjenigen Fällen aus dieser Leiter herausgenommen und dem jeweiligen Unterhaltstatbestand zugeordnet, in dem er **ehebedingte Nachteile** ausgleichen soll. Die Höhe des Altersvorsorgunterhalts bestimmt sich aber nicht nach den ehelichen Verhältnissen, sondern es ist nur der konkrete Nachteil auszugleichen, nämlich der Ausgleich in der Höhe, wie er sich für die kinderbetreuende Ehefrau bei Fortsetzung der Erwerbstätigkeit ergeben hätte (ehebedingte Nachteile). Dabei betont der BGH, der betreuende Elternteil soll wirtschaftlich nicht besser gestellt werden, als er bei Weiterführung seiner Erwerbstätigkeit ohne die Kinderbetreuung gestanden hätte.

### e) Das Urteil vom 17. Mai 2006 zur Sittenwidrigkeit bei ausnahmslos nachteiligem Inhalt und zur salvatorischen Klausel (XII ZB 250/03) – „Brasilianerin"[68]

> **Leitsatz:**
> „Ergibt bereits die Gesamtwürdigung eines Ehevertrages, dessen Inhalt für eine Partei ausnahmslos nachteilig ist und dessen Einzelregelungen durch keine berechtigten Belange der anderen Partei gerechtfertigt werden, dessen Sittenwidrigkeit (§ 138 I BGB), so erfasst die Nichtigkeitsfolge notwendig den gesamten Vertrag; für eine Teilnichtigkeit bleibt in einem solchen Fall kein Raum. Insbesondere lässt sich die Nichtigkeit des vereinbarten Ausschlusses des Versorgungsausgleichs nicht deshalb verneinen, weil bereits der Ausschluss des nachehelichen Unterhalts seinerseits nichtig sei und die benachteiligte Partei deshalb mithilfe des Altersvorsorgunterhalts eine eigene Altersvorsorge aufbauen könne."

Der BGH hatte über einen Fall zu entscheiden, in dem der deutsche Tropenarzt mit der brasilianischen Frau, die er dort kennen gelernt und nach Deutschland gebracht hatte, ehevertraglich Gütertrennung vereinbart, jegliche Ausgleichsansprüche samt Versorgungsausgleich ausgeschlossen und wechselseitig auf nachehelichen Unterhalt mit Ausnahme des Unterhalts aus Anlass der Versorgung eines oder mehrerer gemeinsamer Kinder verzichtet hatte. Die etwaige Ungültigkeit einzelner Bestimmungen des Vertrages sollte auf dessen Fortbestand und auf die Wirksamkeit der übrigen Bestimmungen keinen Einfluss haben. In einem kurz darauf geschlossenen weiteren Vertrag erstreckten die Parteien den Unterhaltsverzicht auf jeglichen nachehelichen Unterhalt – ausdrücklich auch wegen Betreuung eines gemeinsamen Kindes. Die Ehefrau war da-

---

[67] BGH FamRZ 2004, 601 – „Archäologin" –.
[68] BGH FamRZ 2006, 1097 – „Brasilianerin" – mit Anm. *Bergschneider.*

mals 23 Jahre alt, in Deutschland fremd und der deutschen Sprache nicht mächtig, verfügte über keine Ausbildung und hätte ohne Eheschließung weder eine Aufenthalts- noch eine Arbeitserlaubnis erhalten. Aus der Ehe gingen zwei Kinder hervor. Nach dreizehnjähriger Ehe kam es zur Scheidung. Die ehevertraglichen Abreden halten nach der Auffassung des BGH aufgrund der sehr viel **schwächeren Verhandlungsposition** der Ehefrau und der sich zu ihrem Nachteil auswirkenden **evident einseitigen Lastenverteilung** bereits der Wirksamkeitskontrolle nicht stand und sind nach § 138 I BGB **sittenwidrig**, zumal die Einzelregelungen des Vertrags durch keine berechtigten Belange des Ehemannes gerechtfertigt seien. Diese Missbilligung erstrecke sich „notwendig" auf den gesamten Vertrag; die von den Parteien vereinbarte **salvatorische Klausel** ändere daran nichts; auch für eine Teilnichtigkeit ist kein Raum.

### f) Das Urteil vom 5. Juli 2006 zu Eheverträgen mit einer Schwangeren (XII ZR 25/04)[69] – „Schwangere 2"

> **Leitsatz:**
> „Zur Wirksamkeit von Eheverträgen mit einer Schwangeren (Anschluss an Senatsurteil vom 25. 5. 2005 – XII ZR 296/01 –, FamRZ 2005, 1444 ff.)"

In diesem Urteil stellt der BGH grundsätzlich fest, dass die Schwangerschaft der Ehefrau bei Abschluss der Vereinbarung für sich allein nicht ausreiche, die Nichtigkeit der Vereinbarung zu begründen. Auch der in einer solchen Situation geschlossene Ehevertrag sei einer **Modifikation** zugänglich; sogar der Betreuungsunterhalt i. S. von § 1570 BGB könne abweichend von den gesetzlichen Vorschriften geregelt werden. Es brauche auch nicht immer der eheangemessene Unterhalt erreicht zu werden. Der die Schwangerschaft ausnutzende Druck zum Abschluss eines Ehevertrages bilde aber ein **Indiz** für eine schwächere Verhandlungsposition der Ehefrau. Der Vertrag sei daher einer **verstärkten richterlichen Kontrolle** zu unterziehen. Die im entschiedenen Fall bestehende Drucksituation, nämlich die in Aussicht gestellte Heirat nicht zu gefährden (subjektive Seite) und die gravierenden Nachteile (Unterhalt knapp über dem Selbstbehalt, ohne Wertsicherungsklausel, Wegfall des eigenen Einkommens, sehr erhebliche Nachteile in der beruflichen Entwicklung, beim Aufbau einer Altersversorgung und – aufgrund vereinbarter Gütertrennung – eines eigenen Vermögens, jedoch kein Verzicht auf Versorgungsausgleich, also kein Globalverzicht; objektive Seite) ließ den BGH **Sittenwidrigkeit** des – allein angegriffenen – Unterhaltsverzichts annehmen.

---

[69] BGH FamRZ 2006, 1359 – „Schwangere 2" – mit Anm. *Bergschneider* in FamRZ 2006, 1437.

### g) Das Urteil vom 25. Oktober 2006 zur Sittenwidrigkeit von Eheverträgen zu Lasten der Sozialhilfe (XII ZR 144/04)[70] – „Sozialhilfe"

**Leitsatz:**
*„Zur Frage, unter welchen Voraussetzungen ein ehevertraglicher Verzicht auf nachehelichen Unterhalt den Träger der Sozialhilfe belastet und deshalb nach § 138 I BGB sittenwidrig ist."*

Die Eheleute waren beiderseits mittellos, die Ehefrau war krank und bezog bereits Sozialhilfe. Sie haben vor der Eheschließung in einem Ehevertrag einen wechselseitigen Unterhaltsverzicht ebenso wie den Ausschluss des Versorgungs- und Zugewinnausgleichs erklärt. Die Ehefrau bezog während der gesamten Ehe Sozialhilfe; eine weitergehende Bedürftigkeit trat nicht ein. Der BGH hat den Vertrag **nicht beanstandet,** weder im Wege der Wirksamkeitskontrolle noch der Ausübungskontrolle.

### h) Das Urteil vom 22. November 2006 zur Sittenwidrigkeit eines Globalverzichts mit einer erkrankten Ausländerin (XII ZR 119/04)[71] – „Russische Klavierlehrerin 1"

**Leitsatz:**
*„Zur Unwirksamkeit eines ehevertraglichen Unterhaltsverzichts, durch den sich ein Ehegatte von jeder Verantwortung für seinen aus dem Ausland eingereisten Ehegatten freizeichnet, wenn dieser seine bisherige Heimat endgültig verlassen hat, in Deutschland (jedenfalls auch) im Hinblick auf die Eheschließung ansässig geworden ist und schon bei Vertragsschluss die Möglichkeit nicht fern lag, dass er sich im Falle des Scheiterns der Ehe nicht selbst werde unterhalten können."*

Eine russische Klavierlehrerin kam zur Eheschließung nach Deutschland. Die späteren Eheleute schlossen einen Tag vor der Heirat in einem Ehevertrag – zu Lasten der **von der Ausweisung bedrohten** Ehefrau – alle Scheidungsfolgen aus, auch den Anspruch auf nachehelichen Unterhalt für den Fall der Not. Bei der Beurkundung des Vertrags war eine Dolmetscherin zugegen, die die notarielle Niederschrift übersetzt hat; auf eine schriftliche Übersetzung hat die Ehefrau ausdrücklich verzichtet. Bei Abschluss des Ehevertrages stand bereits fest, dass die Frau in Deutschland schwerlich eine Erwerbsmöglichkeit finden würde und an einer „untersuchungsbedürftigen Krankheit" litt, was dem Ehemann bekannt war. Kurz nach Eheschließung stellte sich heraus, dass es sich bei

---

[70] BGH FamRZ 2007, 197 – „Sozialhilfe" – mit Anm. *Bergschneider.*
[71] BGH FamRZ 2007, 450 – „Russische Klavierlehrerin 1" – mit (kritischer) Anm. *Bergschneider.*

dieser Krankheit um **Multiple Sklerose** handelte. Während der Ehe verschlimmerte sich diese Krankheit und führte dazu, dass die Ehefrau erwerbunfähig, vollständig gehunfähig, auf einen Rollstuhl angewiesen und pflegebedürftig ist. Der BGH hebt die in der Ausweisungsdrohung begründete Zwangssituation hervor und führt aus, dass der Ehemann das Gebot der nachehelichen Solidarität in sittenwidriger Weise verletzt, wenn er in Kenntnis der möglicherweise nur eng begrenzten Chancen auf dem deutschen Arbeitsmarkt und ihrer vorhersehbar nur begrenzten gesundheitlichen Belastbarkeit einen Unterhaltsverzicht vereinbarte, der auch nicht durch Gegenleistungen kompensiert wurde. Begleitend weist der BGH auf den hohen Rang des Krankenunterhalts im Rahmen seiner Kernbereichsrechtsprechung hin und erklärt den Vertrag – im Gegensatz zum OLG, das nur eine unzulässige Rechtsausübung angenommen hatte – für **sittenwidrig** und spricht der Ehefrau nachehelichen Krankenunterhalt nach § 1572 BGB zu.

i) **Das Urteil vom 28. Februar 2007 zur künftigen Einkommenssteigerung (XII ZR 165/04)**[72] – „**Einkommenssteigerung**"

> **Leitsätze:**
> 1. „Ein Ehevertrag, durch den der vereinbarte nacheheliche Unterhalt nach den Einkommensverhältnissen bei Vertragsschluss bemessen worden ist, ist nicht deshalb unwirksam, weil darin eine Anpassung an künftige Einkommenssteigerungen des Unterhaltspflichtigen ausgeschlossen wurde. Auch eine richterliche Vertragsanpassung nach § 242 BGB ist im Fall späterer Einkommenssteigerungen nicht gerechtfertigt.
> 2. Sind die Ehegatten bei der Bemessung des nachehelichen Unterhalts davon ausgegangen, dass der voraussichtlich unterhaltsberechtigte Ehegatte in der Ehe die Haushaltsführung und Kindesbetreuung mit einer teilweisen Erwerbstätigkeit verbinden werde, so kommt, wenn dieser Ehegatte in der Ehe nicht erwerbstätig ist, eine richterliche Vertragsanpassung nur in Betracht, wenn die vorgestellte, aber nicht verwirklichte Teilerwerbstätigkeit dieses Ehegatten erheblich sein sollte und ihm ein unverändertes Festhalten am Ehevertrag deshalb nicht zumutbar ist.
> 3. Die richterliche Vertragsanpassung führt in einem solchen Fall nur in dem Umfang zu einer Anhebung des vereinbarten Unterhalts, in dem der unterhaltsberechtigte Ehegatte nach den Vorstellungen der Ehegatten im Zeitpunkt des Vertragsschlusses einer Teilerwerbstätigkeit hätte nachgehen sollen; hinsichtlich des Teils seiner Arbeitskraft, den dieser Ehegatte nach den dem Vertrag zugrunde liegenden Vorstellungen der Ehegatten auf die Haushaltsführung und Kindesbetreuung hätte verwenden sollen, bewendet es dagegen bei der ehevertraglichen Unterhaltsregelung.

---

[72] BGH FamRZ 2007, 974 – „Einkommenssteigerung" – mit Anm. *Bergschneider.*

28  IV. Die richterliche Inhaltskontrolle in der Rechtsprechung des BGH

> 4. Durch die richterliche Vertragsanpassung darf der Ehegatte nicht besser gestellt werden, als er sich ohne die Ehe und seinem mit dieser einhergehenden Erwerbsverzicht stünde."

Die Eheleute – die spätere Ehefrau war damals schwanger – schlossen kurz vor der Heirat für den Fall der Scheidung eine Vereinbarung mit einem den damaligen beiderseitigen Einkünften angemessenen Unterhalt samt einer Wertsicherungsklausel, ansonsten jedoch fixen Regelung. Ferner wurde Gütertrennung vereinbart. Während der Ehe entwickelten sich die Verhältnisse doppelt asymmetrisch in dem Sinne, dass sich einerseits das Einkommen des Ehemannes stark erhöhte, während andererseits die Ehefrau wider Erwarten kein Einkommen erzielte. Im Verfahren ging es nur um den Unterhalt. Der BGH nahm **keine Sittenwidrigkeit** an, weil der vereinbarte Unterhalt zum Zeitpunkt des Vertragsabschlusses dem beiderseitigen Einkommen entsprach und weil auf der Seite der Ehefrau keine durch die **Schwangerschaft** begründete Zwangslage und auch keine einseitige Lastenverteilung bestand. Im Wege der **Ausübungskontrolle** könnte nach Ansicht des BGH eine richterliche Vertragsanpassung jedoch dann in Frage kommen, wenn der Ehefrau auf Grund der vorgestellten, jedoch nicht verwirklichten Erwerbsarbeit ehebedingte Nachteile entstanden sind. Die Anpassung des Unterhalts beschränke sich auf einen Ausgleich der ehebedingten Nachteile; ein durch einen wirksamen Ehevertrag benachteiligte Ehegatte dürfe im Rahmen der Ausübungskontrolle nicht besser gestellt werden als er bei kontinuierlicher Fortsetzung seines vorehelichen Berufswegs stünde. Die außergewöhnliche Steigerung des Einkommens des Ehemannes erfüllt in einem solchen Fall jedoch nicht die Voraussetzungen für eine Unterhaltsanpassung im Wege der Ausübungskontrolle.

**j) Der Beschluss vom 28. März 2007 noch einmal zum Globalverzicht mit einer erkrankten Ausländerin (XII ZR 119/04)[73] – „Russische Klavierlehrerin 2"**

> **Leitsatz:**
> *„Zur Unbegründetheit einer Anhörungsrüge gegen ein die Unwirksamkeit eines ehevertraglichen Unterhaltsverzichts feststellenden Urteils."*

In Erledigung einer Anhörungsrüge hatte sich der BGH[74] noch einmal mit dem Fall der russischen Klavierlehrerin zu befassen. Dabei stellt der BGH besonders deutlich heraus, dass sich der **ausweisungsbedrohte**

---

[73] BGH FamRZ 2007, 1157 – „Russische Klavierlehrerin 2" – mit Anm. *Bergschneider.*

[74] BGH FamRZ 2007, 450 – „Russische Klavierlehrerin 1" – mit Anm. *Bergschneider.*

**Ausländer** in einer deutlich schwächeren Verhandlungsposition befinde, zumal im vorliegenden Fall nur engbegrenzte Chancen auf dem deutschen Arbeitsmarkt und eine vorhersehbar begrenzte gesundheitliche Belastbarkeit bestanden. Deshalb hatte es der andere Verhandlungspartner in der Hand, sich ehevertragliche Zugeständnisse „abkaufen" zu lassen.

### k) Urteil vom 28. März 2007 zum Kindesalter, Krankenunterhalt und Güterrecht (XII ZR 130/2004)[75] – „Juweliergeschäft"

> **Leitsätze:**
> 1. „Eine Vereinbarung, nach welcher der Betreuungsunterhalt bereits dann entfallen soll, wenn das jüngste Kind das 6. Lebensjahr vollendet hat, ist nicht schlechthin sittenwidrig, entscheidend sind vielmehr die Umstände des Einzelfalles (hier u. a. bereits während der Ehe laufend zu erbringende Abfindungszahlungen).
> 2. Zum ehevertraglichen Ausschluss des Zugewinnausgleichs."

Die Eheleute – die Frau war damals schwanger – schlossen einen Ehevertrag mit Gütertrennung, Ausschluss des Versorgungsausgleichs und beschränktem Unterhaltsverzicht, wobei eine Unterhaltsabfindung, die teilweise bereits während der Ehe bezahlt wurde, vereinbart wurde. Die Ehefrau verlangt im Wege der Stufenklage zunächst Auskunft. Im Wege der Bestandskontrolle referiert der BGH seine Judikatur zum Ehevertrag mit einer Schwangeren[76] und beanstandet einen Verzicht auf **Betreuungsunterhalt** ab dem sechsten Lebensjahr des Kindes nicht, wenn andere Betreuungsmöglichkeiten vorhanden sind. Ferner hält er einen Ausschluss des Unterhalts wegen **Krankheit** im Hinblick auf die bereits vor der Ehe erkennbar gewordenen Folgen eines Unfalls für gerechtfertigt. Zum gleichen Ergebnis kommt er bei Würdigung des Verzichts auf **Altersunterhalt**. Schließlich stellt er im Zusammenhang mit der erwarteten Übernahme des elterlichen Juweliergeschäfts durch den Ehemann die nachrangige Bedeutung des **Zugewinnausgleichs** im System des Scheidungsfolgenrechts noch einmal heraus und wiederholt, dass ein Ausschluss der Zugewinngemeinschaft für sich genommen regelmäßig nicht sittenwidrig sein wird. Im vorliegenden Fall kommt er auch im Wege der Gesamtwürdigung zu keiner Sittenwidrigkeit.

In diesem Urteil befasst sich der BGH noch einmal ausführlich mit dem Zugewinnausgleich:

*„Der Zugewinnausgleich wird vom Kernbereich des Scheidungsfolgenrechts nicht umfasst; er erweist sich – auch wegen der vom Gesetz aus-*

---

[75] BGH FamRZ 2007, 1310 – „Juweliergeschäft" –.
[76] Siehe BGH FamRZ 2005, 1444 – „Schwangere 1" – und FamRZ 2006, 1359 –„Schwangere 2" –.

*drücklich zur Verfügung gestellten verschiedenen Güterstände – ehevertraglicher Gestaltung am weitesten zugänglich. Schon im Hinblick auf diese nachrangige Bedeutung des Zugewinnausgleichs im System des Scheidungsfolgenrechts wird ein Ausschluss dieses Güterstandes ... regelmäßig nicht sittenwidrig sein. Eine durch die Schwangerschaft der Kl. bewirkte ungleiche Verhandlungsposition der Parteien führt vorliegend zu keinem anderen Ergebnis. Auch bei Berücksichtigung einer solchen Disparität spricht für den Ausschluss des gesetzlichen Güterstands hier das berechtigte Interesse des Bekl. an der Erhaltung der wirtschaftlichen Substanz des ihm vorhersehbar anfallenden Geschäfts seiner Eltern. Sein Anliegen, den Fortbestand dieses Geschäfts als seiner Lebensgrundlage nicht durch etwaige Ausgleichszahlungen, die jedenfalls Wertzuwächse des Unternehmens während der Ehe erfassen würden, im Rahmen einer güterrechtlichen Auseinandersetzung gefährden zu wollen, erscheint legitim und nicht als Ausnutzung einer ungleichen Verhandlungsstärke."*

### l) Urteil vom 17. Oktober 2007 zum Zugewinnausgleich (XII ZR 96/05)[77] – „Mehrheitsgesellschafter"

> **Leitsatz:**
> *„Ein ehevertraglicher Verzicht auf Zugewinnausgleich ist nicht schon deshalb unwirksam (§ 138 BGB), weil ein Ehegatte – entsprechend den gemeinsamen Vorstellungen der Ehegatten bei Vertragsschluss – in der Ehe einer selbstständigen Erwerbstätigkeit nachgegangen ist und deshalb kein im Versorgungsausgleich auszugleichendes Versorgungsvermögen erworben hat."*

Aus der Ehe sind zwei Kinder hervorgehen. Die Ehefrau führte den Haushalt und betreute die Kinder. Einige Wochen vor der Heirat schlossen sie einen Ehevertrag mit **Gütertrennung.** Abreden über den **Versorgungsausgleich** und den **Unterhalt** wurden nicht getroffen. Die Ehefrau war schwanger. Zum damaligen Zeitpunkt war der Ehemann Angestellter einer GmbH. Kurz darauf erwarb er einen Anteil, stockte ihn auf und wurde in der Folgezeit Mehrheitsgesellschafter und Geschäftsführer dieses Unternehmens, das 1881 von seiner Familie gegründet worden war. Die Ehefrau macht im Verbund Zugewinnausgleich geltend.

Der BGH weist erneut darauf hin, dass der Zugewinnausgleich ehevertraglicher Gestaltung am weitesten zugänglich sei und ein Ausschluss dieses Güterstandes auf Grund seiner nachrangigen Bedeutung im System des Scheidungsfolgenrechts „regelmäßig nicht sittenwidrig" sein werde. Der BGH geht ausführlich auf die behaupteten subjektiven Aspekte ein, die er jedoch nicht als einseitig belastend erachtet. Wiederum

---

[77] BGH FamRZ 2008, 386 – „Mehrheitsgesellschafter" –.

erwähnt der BGH das berechtigte Interesse des Ehemannes an der Erhaltung der wirtschaftlichen Substanz seiner Unternehmensbeteiligung und die Gefährdung der Unternehmensbeteiligung durch etwaige zugewinnausgleichsbedingte Ausgleichszahlungen. Auch der Umstand, dass keine ehezeitlichen Anrechte erworben wurden, die anstatt des durch die Gütertrennung ausgeschlossenen Vermögenserwerbs zu Gunsten der Ehefrau hätten ausgeglichen werden können, beanstandet der BGH nicht. Der BGH nimmt weder Sittenwidrigkeit noch einen Fall der unzulässigen Rechtsausübung an, letzteren auch deshalb nicht, weil die Ehegatten bei Vertragsabschluss nicht von beiderseitiger, ökonomisch vergleichbar gewinnbringender Erwerbstätigkeit ausgegangen sind.

**m) Urteil vom 28. November 2007 zum Krankenunterhalt (XII ZR 132/05) – „Krebserkrankung"**[78]

> **Leitsätze:**
> 1. „Die Erkrankung eines Ehegatten kann die Berufung des anderen Ehegatten auf den ehevertraglich vereinbarten Ausschluss von nachehelichem Unterhalt und Versorgungsausgleich grundsätzlich als rechtsmissbräuchlich (§ 242 BGB) erscheinen lassen.
> 2. Das führt aber in der Regel nicht dazu, dass nunmehr die gesetzlichen Regelungen über die Scheidungsfolgen eintreten. Vielmehr hat sich die ggf. gebotene richterliche Anpassung des Vertrages grundsätzlich darauf zu beschränken, solche Nachteile auszugleichen, die als ehebedingt anzusehen sind. Das ist etwa dann der Fall, wenn der erkrankte Ehegatte in der Ehe auf eine eigene mögliche Erwerbstätigkeit verzichtet hatte und nunmehr eine Erwerbsunfähigkeitsrente bezieht, die niedriger ist als die Rente, die er bezöge, wenn er in der Ehe berufstätig geblieben wäre."

Der 47 Jahre alte Ehemann und die 45 Jahre alte Ehefrau schließen im Jahre 1997 wenige Tage vor der Heirat einen Ehe- und Erbvertrag mit Gütertrennung, Ausschluss des Versorgungsausgleichs und schließlich umfassenden Unterhaltsverzicht, ausgenommen, aus der Ehe ginge ein Kind hervor, dann beschränkt auf einen Höchstbetrag von 1.500 DM mit Wertsicherung. Die Ehefrau hatte zwei Jahre vor der Heirat ein Arbeitsverhältnis mit Abfindung von 100.000 DM beendet. Bei Vertragsabschluss betrieb sie ein defizitäres Geschäft, verkaufte es aber drei Monate nach der Heirat mit einem Gewinn von 70.000 DM. Anschließend wurde sie in einer der Gesellschaften des Ehemann „formell" angestellt und sozialversichert; erwerbstätig wurde sie nicht mehr. Der Ehemann war bei Vertragabschluss gut verdienender Steuerberater, der während der Ehe weiteres Vermögen hinzu erwarb. Aus der Ehe gingen keine Kinder her-

---

[78] BGH FamRZ 2008, 582 – „Krebserkrankung" –.

vor. Die Eheleute trennten sich im Jahre 2002. Wenige Monate später wurde bei der Ehefrau eine Lymphknotenkrebserkrankung festgestellt. Seit 2005 bezieht sie Erwerbsunfähigkeitsrente. Als Folgesache in einem Scheidungsverfahren macht die Ehefrau u.a. nachehelichen Krankenunterhalt geltend. Der BGH nimmt **keine Sittenwidrigkeit** (§ 138 I BGB) an, weder aus objektiven noch aus subjektiven Gründen. Anschließend prüft er, ob die Berufung auf den Unterhaltsverzicht **rechtsmissbräuchlich** (§ 242 BGB) ist, was er im konkreten Fall jedoch verneint. Dazu führt er aus, dass die Erkrankung der Frau eine grundlegende Abweichung der tatsächlichen Lebenssituation von den beim Vertragsschluss zugrunde gelegten Lebensumständen bedeute, die Vertragsanpassung im Wege der Ausübungskontrolle nicht zu einer Aufbürdung des in der Lebenssphäre des anderen Ehegatten begründeten Risikos führen dürfe, sondern zu entscheiden sei, ob die Folgen der Erwerbunfähigkeit ehebedingt sind. Da die Renteneinkünfte der Ehefrau ohne die Eheschließung nicht höher ausgefallen wären, sie also ohne die Eheschließung nicht besser stünde, als sie jetzt tatsächlich steht, war sie nicht einseitig mit ehebedingten Nachteilen belastet. Eine Vertragsanpassung war deshalb nicht vorzunehmen.

## V. Eheverträge, Scheidungsvereinbarungen usw.

Die in den Entscheidungen des BVerfG und des BGH dargestellten Grundsätze zur richterlichen Inhaltskontrolle gelten unter Berücksichtigung ihrer Besonderheiten für familienrechtliche Vereinbarungen jeder Art. Dabei gelten für Kriseneheverträge, Scheidungsvereinbarungen und nacheheliche Verträge in der Regel andere und zwar strengere **Maßstäbe** als für Eheverträge aus dem zeitlichen Umfeld der Heirat oder sonstige vorsorgende Eheverträge[79].

### 1. Eheverträge

#### a) Ehevertrag im engeren Sinn

Nach der **Legaldefinition** des § 1408 I BGB versteht man unter Ehevertrag (nur) die Regelung „güterrechtlicher Verhältnisse durch Vertrag", also die Vereinbarung der Gütertrennung, der Gütergemeinschaft oder der Modifizierung der Zugewinngemeinschaft (Ehevertrag im engeren Sinn). Nach der Rechtsprechung des BGH gelte für die Vereinbarung der Gütertrennung regelmäßig die **volle Vertragsfreiheit.** Die Berufung auf eine wirksam vereinbarte Gütertrennung werde sich deshalb nur unter engsten Voraussetzungen als rechtsmissbräuchlich erweisen. Wie nachfolgend dargestellt[80], wird deshalb ein derart definierter Vertrag nur in ganz besonderen Ausnahmefällen im Wege der richterlichen Inhaltskontrolle beanstandet werden können. Auf solche Verträge bezogen, kann man überspitzt sagen: Nimmt man die Legaldefinition des § 1408 I BGB beim Wort, gibt es eine richterliche Inhaltskontrolle von Eheverträgen (die auf die Regelung güterrechtlicher Verhältnisse beschränkt sind), fast nie. Probleme können sich für solche Eheverträge allerdings ergeben, wenn die vertragliche Regelung güterrechtlicher Verhältnisse mit anderen Gegenständen verbunden ist, insbesondere mit einem Unterhaltsverzicht.

#### b) Ehevertrag im weiteren Sinn

§ 1408 II 1 BGB bringt einer **Erweiterung** der Legaldefinition des Ehevertrages mit dem Inhalt, dass darunter auch der Ausschluss des Ver-

---

[79] Vgl. OLG Stuttgart FamRZ 2007, 291 mit Anm. *Bergschneider;* siehe dazu auch Anm. *Bergschneider* zu OLG Hamm FamRZ 2005, 1568.
[80] Siehe unten VI.5.

sorgungsausgleichs fällt, worunter man nach allgemeiner Meinung[81] auch den Teilausschluss und die Modifikation zu verstehen hat. Die juristische Umgangssprache verwendet den Begriff des Ehevertrages in einem noch weiteren Sinn. Danach versteht man unter Ehevertrag alle ehebezogenen familienrechtlichen Vereinbarungen zur Regelung der allgemeinen Ehewirkungen, des ehelichen Güterrechts und der Scheidungsfolgen. Aber auch dieser Begriff ist angesichts der Praxis noch zu eng, da derartige Verträge außer familienrechtlichen Vereinbarungen häufig auch schuldrechtliche und sachenrechtliche Vertragsbestimmungen enthalten (Ehevertrag im weiteren Sinn)[82].

Diese Kategorie von Eheverträgen ist es meistens, mit denen man bei der richterlichen Inhaltskontrolle von Eheverträgen zu tun hat. Dabei ist besonders an den hohen Rang zu denken, den der Versorgungsausgleich neben einzelnen Unterhaltstatbeständen im Rahmen der Kernbereichslehre des BGH[83] einnimmt, und bei einem Verzicht nicht selten zu einer Beanstandung führt, ganz besonders, wenn er auch für die Zeit der Kinderbetreuung gilt.

### c) Privatschriftliche Vereinbarung

Über diese Definitionen hinaus hat mittlerweile das BVerfG eine privatschriftliche Vereinbarung über Ehegatten- und Kindesunterhalt als Ehevertrag bezeichnet[84]. Das damit entstandene unterschiedliche Verständnis hat damit jede Kontur des Begriffs Ehevertrag verschwinden lassen. Seit Inkrafttreten der Formvorschrift in § 1585c BGB[85] sind die ganz besonders beanstandungsanfälligen (formlosen) Verzichtsvereinbarungen über nachehelichen Unterhalt stark in den Hintergrund getreten.

### d) Vorsorgende Eheverträge, Krisen-Eheverträge, Scheidungs-Eheverträge

Es gibt drei typische Phasen, in denen Eheverträge abgeschlossen werden.

– Eheverträge, die vor der Ehe oder zu Beginn der Ehe geschlossen werden und Eheverträge, die – **ohne** dass eine **Ehekrise** Anlass böte – während der Ehe geschlossen werden, sog. vorsorgende Eheverträge.

---

[81] Siehe Palandt/*Brudermüller* § 1408 BGB Rn. 23; Staudinger/*Rehme* (2007) § 1408 BGB Rn. 49 ff.
[82] Siehe dazu *Bergschneider*, Verträge in Familiensachen, Rn. 5 ff.
[83] Vgl. BGH FamRZ 2004, 601 – „Archäologin" –.
[84] BVerfG FamRZ 2001, 343, 345.
[85] Siehe dazu *Bergschneider*, Zum Formerfordernis nach der Neuregelung des § 1585c BGB im Unterhaltsrechtsänderungsgesetz, FamRZ 2008, 17.

Zu beachten ist, dass der BGH seine Rechtsprechung zu Eheverträgen, die **vor der Heirat** abgeschlossen werden, auf Veranlassung des BVerfG grundlegend geändert hat. In seiner früheren Rechtsprechung hat er unter Hinweis auf die Eheschließungsfreiheit bei einem vor der Heirat erklärten Unterhaltsverzicht eine Sittenwidrigkeit nicht angenommen, da ein Unterhaltsanspruch nicht bestehe[86]. Diese Rechtsprechung ist obsolet. Es ist im Grundsatz ohne Bedeutung, ob die Vereinbarung vor oder nach der Heirat abgeschlossen wird. Dazu das BVerfG:

*"Die Eheschließungsfreiheit rechtfertigt nicht die Freiheit zu unbegrenzter Ehevertragsgestaltung und insbesondere nicht eine einseitige ehevertragliche Lastenverteilung."*[87]

– Eheverträge, die in einer ehelichen **Krisensituation** geschlossen werden, die man Krisenverträge oder genauer Krisen-Eheverträge nennt.
– Eheverträge, die im Hinblick auf eine in Aussicht stehende oder bevorstehende Scheidung geschlossen werden, die eigentlich **verkappte Scheidungsvereinbarungen** sind und die man wohl am besten als Scheidungs-Eheverträge bezeichnet.
– Generell ist für die verschiedenen Phasen folgendes zu sagen: Bei all diesen Gruppen ist insbesondere für die Abwicklung zu entscheiden, ob der Ehevertrag **vor der Heirat** oder erst zu einer Zeit abgeschlossen wurde als die **Ehe bereits problematisch** geworden war. Die Euphorie im zeitlichen Umfeld der Eheschließung lässt manch nachteilige Regelung als hinnehmbar erscheinen, von der man hofft, dass sie sich nicht auswirkt, weil man nicht mit einer Scheidung rechnet. Ist die Ehe bereits problematisch oder handelt es sich um einen in Vorbereitung der Scheidung geschlossenen Vertrag, dann muss man damit rechnen oder weiß man bereits, dass die Regelung möglicherweise bzw. sicher zum Tragen kommt. Derartige Eheverträge sind deshalb nach strengeren Maßstäben zu beurteilen als im Zusammenhang mit der Heirat abgeschlossene oder sonst vorsorgende Eheverträge.

## 2. Scheidungsvereinbarungen (Scheidungsfolgenvergleich)

### a) Begriff

Die Begriffe Scheidungsvereinbarung und Scheidungsfolgenvergleich werden oft synonym gebraucht. Man sollte sich aber bewusst sein, dass der Begriff Scheidungsvereinbarung der umfassendere ist. Nicht alle derartigen Vereinbarungen sind Vergleiche i.S. von § 779 BGB und nicht über alle Gegenstände einer Scheidungsvereinbarung kann ein Vergleich

---

[86] Vgl. BGHZ 86, 82 = FamRZ 1983, 137.
[87] FamRZ 2001, 343, 346.

abgeschlossen werden. Auch für die richterliche Inhaltskontrolle ist dieser **Unterschied** von Bedeutung, weil das den Vergleich kennzeichnende gegenseitige Nachgeben in vielen Fällen nicht zur besonders einseitigen Aufbürdung vertraglicher Lasten führen wird. Unter Scheidungsfolgenvereinbarung oder Scheidungsfolgenvergleich versteht man Regelungen über eine bevorstehende oder anhängige Scheidung. Ausdrücklich erwähnt sind im Gesetz Unterhaltsverträge (§ 1585c BGB), Vereinbarungen über den Versorgungsausgleich (§ 1587o BGB) und Vereinbarungen mit den in § 630 I Nr. 3 ZPO als Voraussetzung für eine einvernehmliche Scheidung gemäß § 1566 I BGB zu regelnden Gegenständen.

**b) Rechtsprechung**

Was sich bereits bei genauerem Lesen der Entscheidungen des BVerfG und des BGH ergeben hat, nämlich, dass die dort entwickelten Kriterien für die richterliche Inhaltskontrolle von Eheverträgen auch auf **Scheidungsvereinbarungen** und **Trennungsvereinbarungen** entsprechend anzuwenden sind[88], wurde nunmehr auch in der OLG-Rechtsprechung bestätigt. So hat z.B. das OLG Celle[89] in mehreren Entscheidungen festgestellt, dass die dabei aufgestellten Kriterien in gleicher Weise für Trennungs- und Scheidungsvereinbarungen gelten. Dies gilt auch für **gerichtlich protokollierte Scheidungsfolgenvereinbarungen,** auch wenn der darin enthaltende Verzicht auf Versorgungsausgleich familiengerichtlich genehmigt ist[90]. Auch der Regierungsentwurf für ein Gesetz zur Strukturreform des Versorgungsausgleichs sieht in § 8 des Gesetzes über den Versorgungsausgleich (VersAusglG) vor, dass Vereinbarungen über den Versorgungsausgleich einer Inhalts- und Ausübungskontrolle standhalten müssen, wobei in der Begründung zu dieser Vorschrift ausdrücklich festgestellt ist, dass diese Grundsätze auf eine Scheidungsfolgenvereinbarung entsprechend anzuwenden sind.

**c) Bestandskontrolle, Ausübungskontrolle**

Scheidungsvereinbarungen können im Wege der Bestandskontrolle gemäß § 138 I BGB als sittenwidrig, aber auch im Wege der Ausübungskontrolle gemäß § 242 BGB wegen unzulässiger Rechtsausübung beanstandet werden. Die teilweise vertretene Auffassung, bei einer Scheidungsfolgenvereinbarung, bei der Vereinbarung und Scheitern der Ehe

---

[88] So schon *Schwab* in der Anm. zu BVerfG FamRZ 2001, 343, 350; *Borth* in der Anm. zu BGH FamRZ 2004, 601, 608; *Bergschneider* FamRZ 2001, 1337, 1338; und 2004, 1757; *Johannsen/Henrich/Sedemund-Treiber,* Eherecht, 4. Aufl., § 630 ZPO Rn. 10.
[89] Vgl. OLG Celle FamRZ 2004, 1202; 2004, 1969; 2007, 1566 jeweils mit Anm. *Bergschneider.*
[90] OLG Thüringen FamRZ 2007, 2079 mit Anm. *Bergschneider.*

zeitlich zusammenfallen, verbleibe kein Raum für die Ausübungskontrolle[91], ist in dieser Allgemeinheit nicht richtig.

(1) Eine Beanstandung im Wege der Ausübungskontrolle kann zunächst einmal in Fällen in Betracht kommen, in denen der eine Ehegatte bei einer gleichzeitig mit der Scheidung abgeschlossenen Scheidungsfolgenvereinbarung seine Rechtsmacht missbraucht hat (und beispielsweise dem ziemlich entnervten anderen Ehegatten eine höchst nachteilige Regelung aufgedrängt hat). Solche Fälle sind nicht generell als sittenwidrig zu behandeln. Vielmehr wird man sie meist nach den Grundsätzen der unzulässigen Rechtsausübung lösen.

(2) Des Weiteren geht es um Fälle, in denen sich die Verhältnisse nach Scheidung mit gleichzeitigem Abschluss einer Scheidungsfolgenvereinbarung später ändern (z. B. wird auf Betreuungsunterhalt i. S. von § 1570 BGB verzichtet, weil das Kind bereits 15 Jahre alt ist. Später erleidet es jedoch einen Unfall und muss von der Mutter gepflegt werden). Auch hier liegt kein Fall für die Bestandskontrolle vor, sehr wohl aber für die Ausübungskontrolle.

### 3. Trennungsvereinbarungen

Darunter versteht man Regelungen mit besonderer Berücksichtigung der Rechtsverhältnisse während der Trennung der Eheleute. Bei ihnen ist zunächst zu bedenken, dass die darin meist getroffene Vereinbarung über den Trennungsunterhalt dem **Verzichtsverbot** (§§ 1361 IV 4, 1360a III, 1614 I, 134 BGB) unterliegt, das einer Beanstandung nach den Grundsätzen der richterlichen Inhaltskontrolle zuvorkommt. Deshalb wird die Beanstandung einer Trennungsvereinbarung im Wege der richterlichen Inhaltskontrolle in der Praxis nur sehr selten in Betracht kommen. Im übrigen gilt hierfür das Entsprechende wie bei Eheverträgen und der Scheidungsvereinbarungen, zumal Regelungen für die Rechtsverhältnisse während der Trennung (neben dem Trennungsunterhalt z. B. bezüglich der Ehewohnung und des Hausrats) oft Gegenstand in einem Ehevertrag enthalten sind.

### 4. Nacheheliche Vereinbarungen

Auch eine nachehelich geschlossene Vereinbarung unterliegt der richterlichen Inhaltskontrolle. So kann nach einem Beschluss des OLG München[92] ein erst nach der Scheidung vereinbarter Verzicht auf nach-

---

[91] So OLG Thüringen FamRZ 2007, 2079, 2081 mit Anm. *Bergschneider*.
[92] Vgl. OLG München FamRZ 2005, 215.

ehelichen Unterhalt bei Kindesbetreuung (§ 1570 BGB) im Wege der Inhaltskontrolle am Maßstab der Ausübungskontrolle nach § 242 BGB zu beurteilen sein und dazu führen, dass sich der Pflichtige während der Dauer der Kindesbetreuung nicht auf den Verzicht berufen darf. Im entschiedenen Fall hatten die Eheleute im Scheidungstermin eine Unterhaltsvereinbarung wegen Kindesbetreuung (§ 1570 BGB) abgeschlossen. Nachdem die Ehefrau eine **neue Lebensgemeinschaft** aufgenommen hatte, verzichtete sie auf Aufforderung ihres vormaligen Ehemannes auf nachehelichen Unterhalt. Nachdem sie sich wieder von ihrem neuen Partner getrennt hatte, machte sie erneut Unterhalt wegen Kindesbetreuung geltend. Das OLG führt aus, dass der Betreuungsunterhalt nach der Rechtsprechung des BGH den Kernbereich des Unterhaltsrechts betrifft. Er nahm zwar keine Sittenwidrigkeit nach § 138 BGB (Bestandskontrolle) an, jedoch einen Verstoß gegen § 242 BGB (Ausübungskontrolle).

Solche nacheheliche Verträge werden allerdings nur in den seltensten Fällen im Wege der richterlichen Inhaltskontrolle zu beanstanden sein. Noch mehr als Eheverträge zur Vorbereitung einer Scheidung oder Scheidungsvereinbarungen gilt für sie, dass man bei nachehelichen Verhältnissen die Verhältnisse realistischer einschätzt als bei einem vor der Ehe geschlossenen Vertrag; man weiß dann auch, dass die Vereinbarung sicher zum Tragen kommt. Eine gewisse Problematik kann sich allerdings daraus ergeben, dass nach der rechtskräftigen Scheidung abgeschlossene Unterhaltsverträge auch nach Einführung des § 1585 c BGB nicht formbedürftig sind.[93]

## 5. Partnerschaftsvereinbarungen

### a) Partnerschaften nach dem Partnerschaftsgesetz

Gemeint sind hier zunächst Partnerschaften nach dem Lebenspartnerschaftsgesetz. Wenn auch Entscheidungen zur richterlichen Inhaltskontrolle im Zusammenhang mit derartigen Vereinbarungen nicht bekannt geworden sind, ist dennoch davon auszugehen, dass für sie im Grundsatz das Gleiche gilt wie für Verträge zwischen Eheleuten. Die Frage, ob für Partnerschaftsverträge gleich strenge Maßstäbe wie für Eheverträge und Scheidungsvereinbarungen gelten, kann derzeit nur der Spekulation anheim gestellt werden.

### b) Sonstige Partnerschaften

Es gibt aber auch Verträge über die Rechtsbeziehungen zwischen Partnern gleichen oder unterschiedlichen Geschlechts, bei denen vermögens-

---

[93] Siehe dazu *Bergschneider,* Zum Formerfordernis nach der Neuregelung des § 1585 c BGB im Unterhaltsrechtsänderungsgesetz, FamRZ 2008, 17.

## 5. Partnerschaftsvereinbarungen

rechtlich relevante Vorgänge, wie der Erwerb einer Eigentumswohnung oder der Bau eines Einfamilienhauses oft bereits vor der Heirat oder ohne Heirat stattfinden. Auch für sie ist im Grundsatz die Heranziehung der Grundsätze der richterlichen Inhaltskontrolle geboten. Allerdings werden die Probleme, die sich daraus ergeben, dass in derartigen Fällen ein angemessener Ausgleich für den Fall des Auseinanderbrechens und des Todes nicht vorgesehen ist und über die Vorschriften zum gesetzlichen Güterstand und zum Erbrechts keine Lösung zu erzielen ist, zu einer erheblichen Modifikation der Rechtsprechung über die richterliche Inhaltskontrolle führen. Gleiches gilt für die Fälle, in denen es nicht zur Eheschließung kommt, sei es, dass sich die Partner entzweien, sei es, dass einer von ihnen stirbt[94].

---

[94] Siehe zu Teilen dieser Problematik *Haußleiter/Schulz,* Vermögensauseinandersetzung bei Trennung und Scheidung, Kap. 8, 9; *Wever,* Vermögensauseinandersetzung der Ehegatten außerhalb des Güterrechts, 4. Aufl., S. 185 ff.

# VI. Allgemeine Gesichtspunkte und einzelne Vertragsgegenstände

## 1. Einzelne Gesichtspunkte

### a) Kein Mindestgehalt

Nach der Rechtsprechung des BGH kennt das geltende Recht **keinen** unverzichtbaren **Mindestgehalt** an Scheidungsfolgen[95]. Aus den gesetzlichen Regelungen über nachehelichen Unterhalt, Zugewinn und Versorgungsausgleich lasse sich kein unverzichtbarer Mindeststandard an Scheidungsfolgen herauslesen (vgl. §§ 1585c, 1408 II, 1587o, 1408 I, 1414 BGB). Dazu führt der BGH – allerdings stark differenzierend – im Einzelnen aus[96]:

*„Diese Regelungen legen als gesetzliches Leitbild eine Ehe zugrunde, in der nur ein Ehegatte ein Erwerbseinkommen erzielt, während der andere unter Aufgabe eigener Erwerbstätigkeit die Familienarbeit übernimmt. Indessen können sich wegen der weitgehenden Autonomie der Ehegatten, ihr Verhältnis eingehend zu gestalten, hiervon Abweichungen in mehrfacher Hinsicht ergeben. Die Ehegatten können, auch wenn die Ehe dem gesetzlichen Leitbild entspricht, den wirtschaftlichen Wert von Erwerbseinkünften und Familienarbeit unterschiedlich gewichten. Sie können aber auch die Ehe, abweichend vom gesetzlichen Leitbild, so ausgestalten, dass sich von vornherein für keinen von ihnen berufliche Nachteile ergeben, etwa in einer Doppelverdienerehe, in der die Kinder durch Dritte betreut werden. Korrespondierend zur Autonomie der Ehegatten bei der Ausgestaltung ihrer Lebensverhältnisse unterliegen die Scheidungsfolgen grundsätzlich der vertraglichen Disposition der Ehegatten. Andererseits liegt dem gesetzlichen Scheidungsfolgensystem der Gedanke zugrunde, dass ehebedingte Nachteile, die ein Ehegatte um der Ehe oder der Kindeserziehung willen in seinem eigenen beruflichen Fortkommen und dem Aufbau einer entsprechenden Altersversorgung oder eines entsprechenden Vermögens auf sich genommen hat, nach der Scheidung ausgeglichen werden sollen, wobei Erwerbstätigkeit und Familienarbeit – wenn die Parteien nichts anderes vereinbart haben – grundsätzlich als* **gleichwertig** *behandelt werden. Ob eine ehevertragliche Scheidungsfolgenregelung mit diesem Grundgedanken vereinbar ist, ist ... in jedem Einzelfall nach den Grundlagen der Vereinbarung und den Vorstellungen*

---

[95] BGH FamRZ 2004, 601, 604 – „Archäologin" –.
[96] Vgl. BGH FamRZ 2005, 1444, 1447 – „Schwangere 1" –.

der Ehegatten bei ihrem Abschluss sowie der verwirklichten Gestaltung des ehelichen Lebens konkret zu prüfen."

**b) Gesamtschau**

Bei der Überprüfung von Eheverträgen legt der BGH besonderen Wert auf eine **Gesamtschau**. Deshalb soll der Kernabsatz im grundlegenden Urteil des BGH[97] im Wortlaut vorgestellt werden:

*„Nach Auffassung des Senats lässt sich **nicht allgemein** und für alle denkbaren Fälle abschließend beantworten, unter welchen Voraussetzungen eine Vereinbarung, durch welche Ehegatten ihre unterhaltsrechtlichen Verhältnisse oder ihre Vermögensangelegenheiten für den Scheidungsfall abweichend von den gesetzlichen Vorschriften regeln, unwirksam ist (§ 138 BGB) oder die Berufung auf alle oder einzelne vertragliche Regelungen unzulässig macht (§ 242 BGB). Erforderlich ist vielmehr eine **Gesamtschau** der getroffenen Vereinbarungen, der **Gründe** und **Umstände** ihres Zustandekommens sowie der beabsichtigten und verwirklichten **Gestaltung des ehelichen Lebens**."*

Und dann heißt es weiter:

*„Die gesetzlichen Regelungen über nachehelichen Unterhalt, Zugewinn und Versorgungsausgleich unterliegen **grundsätzlich** der **vertraglichen Disposition** der Ehegatten; einen **unverzichtbaren Mindestgehalt** an Scheidungsfolgen zugunsten des berechtigten Ehegatten **kennt das geltende Recht** nicht."*

Bei der **Vertragsabwicklung** und der **Kontrollprüfung** ist zu untersuchen, inwieweit ein Verzicht vorliegt, welche Bedeutung der Verzicht für jeden der Vertragspartner hat, ob die formellen Vorkehrungen eingehalten worden sind. Dabei wird es in der Praxis oft so sein, dass nicht nur ein Punkt zu beanstanden ist, sondern es mehrere Punkte sind. Demgegenüber stehen oft positiv zu bewertende Punkte. Es kommt damit auch auf das Zusammenwirken der einzelnen ehevertraglichen Regelungen an[98]. Es kann dann oft einer Schnitzeljagd gleichen, an deren Ende festzustellen ist, ob die Bestimmung oder der ganze Vertrag an der Bestandskontrolle (§ 138 I BGB) scheitert, ob er im Wege der Ausübungskontrolle (§ 242 BGB) abzuändern oder ob er letztlich nicht zu beanstanden ist. Vorhersagen über die gerichtliche Einschätzung des Vertrages sind meist recht schwierig zu machen, wie denn die gesamte Instanzrechtsprechung weniger an eine von der klaren Sonne der Jurisprudenz beschienene Straße als vielmehr an einen buckligen Feldweg im Schneegestöber erinnert.

---

[97] BGH FamRZ 2004 601, 604 – „Archäologin" –.
[98] Vgl. BGH FamRZ 2008, 582, 585 – „Krebserkrankung" –.

Die nachfolgend geschilderten Einzelpunkte mögen deshalb nicht isoliert betrachtet und bewertet werden, sondern als größerer oder kleinerer Mosaikstein innerhalb eines umfassenden Bildes.

### c) Schutz für den Verpflichteten

Der verfassungsrechtliche Schutz vor einer mit dem Gedanken der ehelichen Solidarität nicht in Einklang zu bringenden und von wesentlichen Elementen der gesetzlichen Unterhaltsnormen abweichenden vertraglichen Regelung kommt ebenso dem verpflichteten Ehegatten zu, insbesondere dem unterhaltsverpflichteten. Auch für ihn kann es durch einen Ehevertrag oder eine Scheidungsvereinbarung zu einer offenkundig einseitigen und durch individuelle Besonderheiten nicht gerechtfertigten Lastenverteilung kommen, die bei verständiger Würdigung des Wesens der Ehe unzumutbar erscheint und damit unwirksam ist. Für **Unterhaltsverpflichtete,** denen nicht einmal mehr das Existenzminimum bzw. der notwendige Selbstbehalt verblieben ist, haben dies das OLG Celle[99] und das OLG Karlsruhe[100] bereits ausdrücklich festgestellt. In der erstgenannten Entscheidung wurde Sittenwidrigkeit erwogen, in der zweiten wurde Sittenwidrigkeit angenommen. Man wird aber auch in Fällen, in denen dem Unterhaltspflichtigen zwar das Existenzminimum verbleibt, jedoch ausschlaggebende Kriterien der Rechtsprechung zur richterlichen Inhaltskontrolle zutreffen, zu einer Beanstandung kommen können. In erster Linie kommt dann eine Korrektur im Wege der Ausübungskontrolle in Betracht. Der Verpflichtete kann einen Schutz im Wege der richterlichen Inhaltskontrolle aber nur in besonders krassen Fällen erwarten.

### d) Zusagen

Zu berücksichtigen ist, ob bei Abschluss des Ehevertrages gemachte Zusagen eingehalten worden sind. Eine solche Vertragsgestaltung findet man häufig im Zusammenhang mit einem Verzicht oder Teilverzicht auf Versorgungsausgleich, wobei zum Ausgleich der Abschluss einer Lebensversicherung oder die Aufnahme eines bestimmten Arbeitsverhältnisses[101] zugesagt wird. Wird diese Zusage **nicht eingehalten,** wird meist die Ausübungskontrolle den richtigen Weg zur Korrektur aufzeigen, und zwar in der Weise, dass der Versorgungsausgleich so durchgeführt wird, wie wenn die Zusage eingehalten worden wäre[102] oder es muss die vereinbarte Lebensversicherung nachgezahlt werden.

---

[99] Vgl. OLG Celle FamRZ 2004, 1969 mit Anm. *Bergschneider.*
[100] Vgl. OLG Karlsruhe FamRZ 2007, 477 mit Anm. *Bergschneider.*
[101] So die Fallgestaltung im Beschluss des OLG Zweibrücken FamRZ 2006, 1683.
[102] Im Beschluss des OLG Zweibrücken FamRZ 2006, 1683 wurde der öffentlich-rechtliche Versorgungsausgleich so durchgeführt, wie wenn die durch den

### e) Verträge aus zurückliegender Zeit

Es kann nicht nur eine Berufung auf die Unwirksamkeit von **lange Zeit zurückliegenden** Eheverträgen erfolgen. Die im Jahr 2001 vom BVerfG beurteilten Verträge wurden in den Jahren 1976 bzw. 1985 abgeschlossen. Auch Jahre nach der Scheidung kann eine Wirksamkeitsprüfung erfolgen. Eine **Verwirkung** des Unterhaltsanspruchs kann nicht geltend gemacht werden[103].

### f) Prüfungsvorgang

Bei der Gestaltung und Abwicklung von Eheverträgen und Scheidungsvereinbarungen hat man vorweg **zwei Fragen** zu beantworten:
- Worauf wird verzichtet? Wie sieht der **Vergleich** zwischen gesetzlichen Ansprüchen und der vertraglichen Regelung aus? – **objektive Seite**
- Wie kommt der Vertrag **zustande**? – **subjektive Seite**

Danach ist die Frage zu beantworten, welche **Bedeutung** die **einzelnen Scheidungsfolgenregelungen** für die Beteiligten haben. Die dabei vorzunehmende Prüfung hat anhand eines **Vergleichs** zwischen der Situation ohne Abschluss eines Ehevertrages/einer Scheidungsvereinbarung einerseits und der Situation mit einem solchen Vertrag andererseits stattzufinden. **Vergleichsmaßstab** ist nicht etwa die Rechtslage ohne Eheschließung, sondern die Rechtslage mit Eheschließung, aber ohne Ehevertrag.[104] Die **konkreten Auswirkungen** der vertraglichen Regelung sind einmal nach den vom BGH abgestuften **Rangstellen** innerhalb des Kernbereichs des Scheidungsfolgenrechts und der **Kumulierung** der Rechte, auf die verzichtet wird und zum anderen nach dem **Umfang** des Verzichts (zeitliche Dauer, höhenmäßige Begrenzung) zu bewerten. In diesem Zusammenhang steht auch der Hinweis des BVerfG[105], dass sich der Effekt einseitiger Benachteiligung um so mehr verstärkt, je mehr im Ehevertrag gesetzliche Rechte abbedungen oder zusätzliche Pflichten übernommen werden. Dies zur **objektiven Seite**.

Als weiteres spielt – wie mehrmals hervorgehoben – die **subjektive Seite** (strukturelle **Unterlegenheit**, einseitige **Dominanz**, formelle **Vorkehrungen** usw.) eine sehr bedeutsame Rolle, wie sie insbesondere in den beiden Entscheidungen des BVerfG herausgestellt wurde.

> **Im Einzelnen siehe dazu das Prüfungsschema im Anhang 1**

---

Verzicht auf Versorgungsausgleich benachteiligte Ehefrau durchgehend Anrechte aus dem zugesagten Arbeitsverhältnis erworben hätte.
[103] Vgl. OLG Saarbrücken MittBayNot 2004, 448.
[104] Vgl. OLG Koblenz FamRZ 2004, 805 mit Anm. *Bergschneider*.
[105] Vgl. BVerfG FamRZ 2001, 343, 347.

## 2. Das Problem des Betreuungsunterhalts nach § 1570 BGB

Der BGH hat den Betreuungsunterhalt zur **absoluten Nummer 1** in seinem Kernbereichs-Ranking gemacht und auf die verfassungsrechtliche Wertung hingewiesen, dass die Elterninteressen in jedem Fall sich dem Kindeswohl unterzuordnen haben[106].

Zum besseren Verständnis sei zunächst an die **frühere Rechtslage** erinnert, nämlich an die bis zu den beiden Entscheidungen des BVerfG[107] maßgebende Rechtsprechung des BGH[108] und die damalige Vertragspraxis. Danach waren Vereinbarungen erlaubt, welche (1) die Erwerbsobliegenheit des betreuenden Elternteils bei einem **niedrigeren Kindesalter** beginnen ließen als dies den oberlandesgerichtlichen Leitlinien[109] entsprach und (2) die Unterhaltshöhe unter die Marke des gesetzlichen Unterhalts herabsetzten und zwar bis zum **notwendigen Selbstbehalt** beim Erwerbstätigen[110]. Die Vertragspraxis der Notare und Rechtsanwälte folgte dieser Rechtsprechung über lange Jahre in unzähligen Verträgen. Auf diese Rechtsprechung kann **nicht mehr zurückgegriffen** werden; sie ist durch die erwähnten Entscheidungen des BVerfG und des BGH überholt[111].

Seither wird von der Rechtsprechung herausgestellt, ein Verzicht oder Teilverzicht auf nachehelichen Unterhalt bedeute für den betreuenden Elternteil (meist also die Ehefrau), dass er nach der Scheidung regelmäßig überhaupt, umfangreicher oder früher einer Erwerbstätigkeit nachgehen müsse als ohne Verzicht oder Teilverzicht und er sich deshalb nicht im wünschenswerten Maße dem Kind widmen könne[112]. Das BVerfG und nachfolgend der BGH gehen davon aus, dass ein Verzicht oder Teilverzicht auf Betreuungsunterhalt im Ergebnis das **Kindeswohl beeinträchtigt.** Dabei ist noch einmal die **Sonderstellung des Betreuungsunterhalts** zu bedenken; im Gegensatz beispielsweise zum Krankheitsunterhalt oder zum Altersunterhalt, die (nur) den Ehegatten schützen, schützt der Betreuungsunterhalt in erster Linie das zu betreuende Kind.

Mittlerweile ist das Pendel auf die andere Seite ausgeschwungen, nämlich auf Grund des am 1. Januar 2008 in Kraft getretenen **Unterhaltsrechtsänderungsgesetzes,** das zumindest tendenziell den Betreuungsunterhalt nach der Neufassung des § 1570 BGB geschwächt hat.

---

[106] Vgl. BGH FamRZ 2008, 592, 593; BVerfG 1989, 143; 1996, 1267.
[107] Vgl. BVerfG 2001, 343 und 985.
[108] Vgl. BGH FamRZ 1992, 1403.
[109] Vgl. nachfolgend a).
[110] Nach SüdL Ziffer 21.2: € 890 (Stand: 1. 7. 2005/2007).
[111] So ausdrücklich OLG Koblenz FamRZ 2004, 805, 806, im Übrigen vgl. *Bergschneider,* Zur Inhaltskontrolle von Eheverträgen FamRZ 2001, 1337, 1340.
[112] BGH FamRZ 1992,1403; vgl. auch OLG Hamm FamRZ 2004, 201 mit Anm. *Bergschneider.*

## 2. Das Problem des Betreuungsunterhalts nach § 1570 BGB

Die nachfolgend gemachten Ausführungen versuchen, auf der Grundlage dieser Änderungen der Rechtsprechung[112a] und des Unterhaltsrechts die Möglichkeiten und Grenzen von Vereinbarungen zum Betreuungsunterhalt zu behandeln. Voranzustellen ist dabei der sehr wichtige Hinweis des BGH[113], dass selbst der bei Abschluss des Ehevertrages schwangeren Frau geschlossene Ehevertrag einer Modifizierung zugänglich ist und sogar der Betreuungsunterhalt i.S. von § 1570 BGB abweichend von den gesetzlichen Vorschriften geregelt werden kann.

Damit stellt sich die **Frage**: Welche Vereinbarungen sind zum Betreuungsunterhalt **noch zulässig?**

### a) Alter des Kindes

Welche Zukunft das sog. **Altersphasenmodell** mit den bisherigen Altersgrenzen haben wird, lässt sich derzeit nicht abschätzen. Aus Gründen der Praktikabilität im Massengeschäft Kindesunterhalt wird vielfach dafür plädiert, ein irgendwie geartetes Altersphasenmodell in die Überlegungen einzubeziehen. Fragt sich nur, mit welchen Altersgrenzen[114]. Der neue Gesetzestext spricht sich aber eindeutig gegen eine Pauschalierung und für die Einzelfallgestaltung aus; es ist deshalb eher zu erwarten, dass sich der BGH für die zweite Alternative aussprechen wird[114a].

Derzeit sind die einzelnen Leitlinien der Oberlandesgerichte noch sehr unterschiedlich und vermeiden Altersangaben vielfach. Klar ist lediglich, dass – wie in § 1570 I 1 BGB festgelegt – der ein Kind betreuender Ehegatten für mindestens drei Jahre nach der Geburt Unterhalt verlangen kann. Für die Vertragsgestaltung kann deshalb eine Verweisung auf die einschlägige Ziffer 17 der SüdL oder anderer OLG-Leitlinien[115] oder ihrer Nachfolgeregelungen tunlich sein.

> **Formulierungsvorschlag:**
> „Gehen aus der Ehe ein Kind oder mehrere Kinder hervor, hat der Kinder betreuende Elternteil bis zur Vollendung des dritten Lebensjahres des jüngsten Kindes keine Obliegenheit zu einer Erwerbstätigkeit. Für

---

[112a] Siehe dazu BGH FamRZ 2008, 1739.
[113] BGH FamRZ 2006, 1359 – „Schwangere 2" –.
[114] Siehe dazu *Bergschneider,* Das Unterhaltsrechtsänderungsgesetz, DNotZ 2008, 95; *Borth,* Unterhaltsrechtsänderungsgesetz (UändG), S. 27 ff.; *Klein,* Das neue Unterhaltsrecht 2008, S. 41 ff.; *Kalthoener/Büttner/Niepmann,* Die Rechtsprechung zur Höhe des Unterhalts, Rn. 465 ff.; Hamm, Strategien im Unterhaltsrecht, Rn. 76 ff.; *Viefhues/*Mletzko, Das neue Unterhaltsrecht, Rn. 95 ff.; FA-FamR/*Gerhard,* 6. Kap. Rn. 361 ff.; Schnitzler/Kath-Zurhorst, Münchener Anwaltshandbuch Familienrecht, § 9, Rn. 11 ff.
[114a] Siehe dazu das erste Urteil BGH FamRZ 2008, 1739.
[115] Die Gliederung aller oberlandesgerichtlichen Leitlinien ist einheitlich beziffert.

> die anschließende Zeit gilt die Bestimmung des § 1570 Abs. 1 Satz 2 und 3 BGB in der jeweiligen Ausgestaltung durch die Unterhaltsrechtlichen Leitlinien des Oberlandesgerichts ... Diese Gesetzesbestimmung und die Bedeutung sowie den Inhalt dieser Leitlinien hat der Notar im Einzelnen erläutert."

Wer bei der Vertragsgestaltung auf der sicheren Seite sein will, sollte die **Altersvorstellungen** gemäß der aktuellen und künftigen Rechtsprechung zu § 1570 BGB nur in Ausnahmefällen unterschreiten. Ein Unterschreiten ist regelmäßig dann zulässig, wenn – wie in § 1570 I 3 BGB vorgesehen – anderweitige Möglichkeiten einer das Kindeswohl nicht beeinträchtigenden Kindesbetreuung bestehen[116]. Gleiches gilt, wenn trotz der Erwerbstätigkeit eine das Kindeswohl nicht beeinträchtigende Möglichkeit für eine Erwerbstätigkeit besteht (z.B. EDV-Heimtätigkeit).

Trotz einiger nicht ganz von der Hand zu weisender Widerstände[117] ist damit zu rechnen, dass das Kindesalter, ab dem eine Erwerbsobliegenheit beginnt, in Zukunft generell niedriger angesetzt wird, als dies derzeit der Fall ist.

Hier dürfte der Beschluss des BVerfG vom 28. Februar 2007 zur Verfassungsmäßigkeit des § 1615 l BGB[118] von erheblicher Bedeutung sein, in dem es klipp und klar heißt:

*„Die zeitliche Begrenzung des Unterhaltsanspruchs auf in der Regel drei Jahre ist im Lichte des Art. 6 Abs. 2 GG nicht zu beanstanden."*

Und im Beschluss vom 22. Juni 2007 des BVerfG[119] heißt es, es liege in der Einschätzungsprärogative des Gesetzgebers, für wie lange er aus Kindeswohlgesichtspunkten die persönliche Betreuung des Kindes durch einen Elternteil für erforderlich halte.

So hat der BGH[120] ganz allgemein festgestellt, dass eine Regelung nicht schon deshalb als sittenwidrig zu missbilligen sei, weil die Parteien die Betreuungsbedürftigkeit eines Kindes an niedrigere Altersgrenzen gebunden haben, als sie von der damaligen Rechtsprechung für angemessen erachtet worden sind.

Auch im Übrigen zeigt die Rechtsprechung des BGH in die Richtung einer Herabsetzung dieser Altersgrenzen. So hat er im Urteil vom 5. Juli 2006[121] ausdrücklich festgestellt, dass trotz der Zugehörigkeit des Betreuungsunterhalts zum Kernbereich des Scheidungsfolgenrechts es nicht

---

[116] Vgl. BGH FamRZ 2007, 1310 – „Juweliergeschäft" –.
[117] Vgl. z.B. *Wellenhofer,* Die Unterhaltsrechtsreform nach dem Urteil des BVerfG zum Betreuungsunterhalt, FamRZ 2007, 1282.
[118] BVerfG FamRZ 2007, 965 Rz. 73.
[119] BVerfG FamRZ 2007, 1531.
[120] Vgl. BGH FamRZ 2005, 144, 1447 – „Schwangere 1" –.
[121] BGH FamRZ 2006, 1359, 1361 – „Schwangere 2" –.

## 2. Das Problem des Betreuungsunterhalts nach § 1570 BGB

bedeute, dass er keiner ehevertraglichen Modifizierung zugänglich wäre. Und in seiner Entscheidung vom 28. März 2007[122] heißt es bereits im Leitsatz, eine Vereinbarung, nach welcher der Betreuungsunterhalt bereits dann entfallen soll, wenn das jüngste Kind das 6. Lebensjahr vollendet hat, sei nicht schlechthin sittenwidrig; entscheidend seien vielmehr die Umstände des Einzelfalles (hier u. a. bereits während der Ehe laufend zu erbringende Abfindungszahlungen).

Auch die obergerichtliche Rechtsprechung hält – zumindest in Teilen – die Erwerbsobliegenheit des betreuenden Elternteils bei einem wesentlich geringeren Kindesalter als nicht gegen das Kindeswohl verstoßend. Besonders deutlich ist hier ein Beschluss des OLG Bremen[123], der zu dem Ergebnis kommt, im Rahmen der Billigkeitsabwägung nach § 1579 BGB komme die Annahme einer Erwerbsobliegenheit der Berechtigten, die einen Unterhaltsanspruch wegen Kindesbetreuung hat, bereits mit der Vollendung des dritten Lebensjahres des Kindes in Betracht; bestehende Betreuungsmöglichkeiten seien zu nutzen.

Auf der anderen Seite gibt es – wenn auch nicht aus allerjüngster Zeit – Urteile, welche die Dreijahresgrenze nicht übernehmen. So hat das OLG Koblenz[124] denn auch einen Ehevertrag beanstandet, in dem der Unterhalt nach Vollendung des dritten Lebensjahres des jüngsten gemeinsamen Kindes (noch weiter) herabgesetzt wurde.

Die Herabsetzung des Kindesalters, ab dem eine Erwerbstätigkeit des betreuenden Elternteils beginnt, kann deshalb in Zukunft zu einer geänderten Vertragspraxis führen, nämlich zu einer **Heraufsetzung des Kindesalters.** Dies gilt umso mehr als in der Öffentlichkeit geradezu ein Glaubenskrieg darüber tobt, wie kinderfreundlich oder kinderschädlich die Betreuung durch Dritte ist. Diejenigen, die für eine längere Kinderbetreuung eintreten, können deshalb in Eheverträgen und Scheidungsvereinbarungen höhere Altersgrenzen für den Beginn der Erwerbsobliegenheit aufnehmen, als dies den Unterhaltsrechtlichern Leitlinien und der Judikatur entspricht. Zu denken ist dabei die Beibehaltung der Altergrenzen nach dem früheren Altersphasenmodell. Beispielsweise lautete Ziffer 17 der Unterhaltsrechtlichen Leitlinien der Familiensenate in Süddeutschland (SüdL – Stand 1. Juli 2005) folgendermaßen:

*„Bei Betreuung eines Kindes besteht in der Regel eine Erwerbsobliegenheit des berechtigt betreuenden Ehegatten erst, wenn das jüngste Kind in die **dritte Grundschulklasse** kommt. Ab Beginn der dritten Grundschulklasse bis zur Vollendung des **15. Lebensjahres** des jüngsten Kindes be-*

---

[122] BGH FamRZ 2007, 1310 – „Juweliergeschäft" –.
[123] OLG Bremen NJW 2007, 1890 mit Anm. *Bergschneider* = FamRZ 2007, 1465.
[124] OLG Koblenz FamRZ 2004, 805 mit Anm. *Bergschneider.*

*steht in der Regel eine Obliegenheit zur teilweisen, danach zur vollen Erwerbstätigkeit. Davon kann abgewichen werden, vor allem bei mehreren Kindern oder bei Fortsetzung einer bereits vor Trennung nicht wegen einer Notlage ausgeübten Tätigkeit."*

Es sind aber auch Lösungen denkbar, die eine bestimmte Untergrenze für die Erwerbstätigkeit festlegen und den Umfang der anschließenden Erwerbsobliegenheit auf der Grundlage der Rechtsprechung neu bestimmen.

**Formulierungsvorschlag:**
„Die Parteien gehen davon aus, dass der die Kinder betreuende Elternteil bis zur Vollendung des 5. Lebensjahres des jüngsten Kindes keine Erwerbsobliegenheit hat. Für die anschließende Zeit haben die Parteien über Grund und Höhe des nachehelichen Unterhaltsanspruchs des Kinder betreuenden Elternteils nach seiner Erwerbsobliegenheit nach der dann gültigen Gesetzeslage und der geltenden Rechtsprechung des Oberlandesgerichts ... neu zu verhandeln. Sie sind darüber einig, dass ein abrupter, übergangsloser Wechsel von der elterlichen Betreuung zu einer Vollzeiterwerbstätigkeit nicht im Interesse des Kindeswohls liegt[125].

Mit allen Vorbehalten wird man deshalb derzeit insgesamt sagen können, dass eine maßvolle und auf die vorhandenen Betreuungsmöglichkeiten abstellende Herabsetzung des Kindesalters unter die dem früheren Altersphasenmodell entsprechenden Altersgrenzen jedenfalls nicht sittenwidrig ist und allenfalls im Wege der Ausübungskontrolle angepasst werden kann. Eine Erwerbsobliegenheit bis zu einem Kindesalter von **drei Jahren** sollte nur dann vereinbart werden, wenn eine konkrete Betreuungsmöglichkeit besteht oder bereitgestellt wird. Und dann bleibt immer noch die Frage unbeantwortet, ob nicht jeder Elternteil das Recht hat, das Kind zumindest bis zu diesem Alter persönlich zu betreuen und nicht in fremde Hände geben zu müssen.

Alle weiteren Erwägungen zum Kindesalter sind derzeit unsicher. Es bleibt abzuwarten, wie sich die Rechtsprechung zum Kindesalter auf Grund der Änderung des § 1570 BGB im **Unterhaltsrechtsänderungsgesetzes** entwickeln wird. Da eine einheitliche Linie in der Rechtsprechung (noch) nicht festzustellen ist, ist bis dahin Flexibilität in der Vertragsgestaltung angezeigt.

Dabei ist zu **beachten:** Wird eine **bereits in der Ehe** trotz Kindesbetreuung **ausgeübte zumutbare** Tätigkeit nach der Trennung/Scheidung fortgesetzt, entfällt bereits nach der traditionellen Rechtsprechung

---

[125] Der letzte Satz entspricht Ziffer 17.1 der Unterhaltsrechtlichen Leitlinien des OLG Celle (Stand 1. 1. 2008) FamRZ 2008, 338.

## 2. Das Problem des Betreuungsunterhalts nach § 1570 BGB

ein Anspruch nach § 1570 BGB[126]. Interessant ist denn auch das Urteil des OLG Hamm[127], wonach ein Ehevertrag trotz des Verzichts auf Betreuungsunterhalt wirksam ist, wenn das Kind bereits ein Jahr alt ist und beide Parteien erwerbstätig waren und beabsichtigt haben, das auch weiterhin zu sein.

### b) Höhe des Unterhalts

Nach der Rechtsprechung des BGH[128] kann der Betreuungsunterhalt i.S. von § 1570 BGB abweichend von den gesetzlichen Vorschriften geregelt werden; es braucht auch nicht immer der eheangemessene Unterhalt erreicht zu werden. Aber: Der BGH[129] hält eine Fixierung der Unterhaltshöhe nicht schon deshalb für unproblematisch, weil der vorgesehene Unterhalt das Existenzminimum übersteigt. Sittenwidrigkeit könne dabei dann in Betracht kommen, wenn die vertraglich vorgesehene Unterhaltshöhe nicht annähernd geeignet ist, die ehebedingten Nachteile auszugleichen. Für die Praxis bedeutet dies, ganz besonders im Hinblick auf den hohen Rang des Betreuungsunterhalts mit betragsmäßigen Herabsetzungen zurückhaltend umzugehen.

Bei einfachen oder mittleren Verhältnissen sollte die Vereinbarung eines **geringeren als des gesetzlichen Unterhalts** (§ 1578 I 1 BGB) vermieden werden[130]. Bei **sehr großzügigen Verhältnissen** kann eine **höhenmäßige Begrenzung** durchaus in Frage kommen. Maßstab ist aber auch hier das Kindeswohl; was bedeutet, dass die Unterhaltsbegrenzung nicht zur Aufnahme einer Erwerbstätigkeit zwingen darf, um den ehelichen Lebensstandard einigermaßen, wenn auch nicht in voller Höhe zu wahren. In diesem Zusammenhang hat das OLG Oldenburg[131] in einem obiter dictum angemahnt, dass bei einem gesetzlichen Unterhaltsanspruch von 6.000 DM ein vertraglich auf 1.500 DM beschränkter Unterhalt zu gering ist. Noch deutlicher hat das OLG Koblenz[132] die Beanstandung in einem Fall vorgenommen, in dem – neben entsprechenden subjektiven Voraussetzungen – der gesetzliche Unterhalt mehr als doppelt so hoch gewesen wäre, wie er vereinbart war. Da gerade in wohlhabenden Kreisen die Vorstellungen über den zur Wahrung des ehelichen Lebensstandards erforderlichen Aufwand sehr subjektiv sein können, ist bei der Vereinbarung gerin-

---

[126] Vgl. z.B. *Gerhardt/von Heintschel-Heinegg/Klein,* Handbuch des Fachanwalts Familienrecht 6. Kap. Rn. 361.
[127] FamRZ 2004, 201.
[128] Vgl. BGH FamRZ 2006, 1359 – „Schwangere 2" –.
[129] Vgl. BGH FamRZ 2005, 1444, 1447 – „Schwangere 1" –; BGH FamRZ 2006, 1359, 1362 – „Schwangere 2" –.
[130] Vgl. OLG Koblenz FamRZ 2004, 805, 807 mit Anm. *Bergschneider.*
[131] Vgl. OLG Oldenburg FamRZ 2004, 545.
[132] OLG Koblenz FamRZ 2004, 805 mit Anm. *Bergschneider.*

geren als des gesetzlichen Unterhalts besondere Zurückhaltung bei der Vertragsgestaltung am Platze. Soweit der Unterhalt nach der **konkreten Methode** zu ermitteln ist, sollte er nicht zu sehr beschnitten werden, insbesondere was den Bedarf für eine kindgerechte Wohnung angeht.

### c) Anschlussunterhalt

Sowohl in der Vertragsgestaltung als auch in der Vertragsabwicklung wird der Anschlussunterhalt in der Praxis **zu wenig beachtet.** Das Gesetz sieht in einer Reihe von Fällen vor, dass nach Beendigung der Pflege und Erziehung eines gemeinschaftlichen Kindes Unterhalt auf Grund eines anderen Unterhaltstatbestandes verlangt werden kann (Anschlussunterhalt). Beispiel: Nach § 1572 Nr. 2 BGB kann der geschiedene Ehegatte von dem anderen Unterhalt verlangen, solange und soweit von ihm zum Zeitpunkt der Beendigung der Pflege oder Erziehung eines gemeinschaftlichen Kindes an wegen Krankheit usw. eine Erwerbstätigkeit nicht erwartet werden kann. Ähnliche Regelungen gelten für die Unterhaltstatbestände des Alters (§ 1571 Nr. 2 BGB), der Arbeitslosigkeit (§ 1573 I BGB) und des – in der Praxis am wichtigsten – **Aufstockungsunterhalts** (§ 1573 II BGB).

Auf den **Verzicht auf Anschlussunterhalt** geht der BGH ausführlich ein und kommt in seiner grundlegenden Entscheidung zu einer Beanstandung des dortigen Verzichts[133]. Dabei ist zu untersuchen, ob und gegebenenfalls welches **Risiko** der kinderbetreuende Elternteil mit der **Aufgabe seiner Berufstätigkeit** auf sich nimmt – oder insbesondere bei Scheidungsvereinbarungen – auf sich genommen hat, wenn die Betreuungsbedürftigkeit der Kinder endet, ob also ein Wiedereinstieg in den erlernten Beruf nicht oder nur unter deutlich ungünstigeren Konditionen möglich ist (ehebedingte Nachteile).

Beim Anschlussunterhalt geht es aber nicht mehr um § 1570 BGB und damit nicht mehr (direkt) um die Wahrung des Kindeswohls. Es geht jedoch um einen besonderen Fall der **nachehelichen Solidarität,** nämlich der Honorierung des Einsatzes für die Pflege und Erziehung des gemeinsamen Kindes und des damit auf sich genommenen beruflichen Handicaps. Daraus ist die **Konsequenz** zu ziehen, bei einem Verzicht auf Anschlussunterhalt die sehr strenge Rechtsprechung zum Kindeswohl „im Hinterkopf zu behalten" und auf den **subjektiven Aspekt** ein ganz besonderes Augenmerk zu wenden und entsprechend ausführlich zu dokumentieren.

Speziell für den **Alters- und Krankenunterhalt** (§§ 1571, 1572 BGB) ist zudem zu bedenken, dass sie auch als selbständiger Unterhalt im Kernbereich des Unterhaltsrechts bereits an zweiter Stelle stehen, unmittelbar nach dem Betreuungsunterhalt (§ 1570 BGB). Kommen sie als

---

[133] FamRZ 2004, 601, 608 – „Archäologin" –.

Anschlussunterhalt nach Kindesbetreuung in Betracht, sollte an den Verzicht ein **besonders strenger Maßstab** gelegt werden.

Auch zur Höhe hat der BGH in seinem grundlegenden Urteil[134] wegweisend Stellung genommen. Der **Aufstockungsunterhalt** (§ 1573 II BGB) braucht nicht in der vollen **Höhe** des gesetzlichen Unterhalts (§ 1578 I 1 BGB) gewährt zu werden. Es genügt, wenn dessen Höhe nach der Differenz des Einkommens, das die kinderbetreuende Ehefrau aus einer ihrer Ausbildung entsprechenden kontinuierlich ausgeübten Berufstätigkeit erzielen könnte, bemessen wird. Im grundlegenden Fall also, was sie als Archäologin verdienen würde. Damit sollen die **ehebedingten Nachteile** ausgeglichen werden, was in etwa dem entspricht, was die frühere Rechtsprechung als **angemessenen Lebensbedarf** i. S. des damaligen § 1578 I 2 BGB verstanden[135] und was das Unterhaltsrechtsänderungsgesetz in § 1578 b I 1 BGB übernommen hat. In der Kautelarpraxis kann z. B. ein Unterhaltsbedarf in Höhe des Bankangestelltentarifs vereinbart werden, der für die Ehefrau gelten würde, wenn sie – die Kinderbetreuung weggedacht – weitergearbeitet hätte. Im Übrigen könnte auf den Anschlussunterhalt wirksam verzichtet werden.

### d) Solidaritätsunterhalt (§ 1570 II BGB)

Zu berücksichtigen ist schließlich, dass das Unterhaltsrechtsänderungsgesetz in der neu eingeführten Bestimmung des § 1570 II BGB ein **Verlängerung der Unterhaltsdauer** über die übliche Betreuungszeit hinaus gebracht hat („Solidaritätsunterhalt"). Hierbei handelt es sich um einen Annexanspruch an den Betreuungsunterhalt aus nachehelicher Solidarität, das unabhängig vom Wohl des Kindes ist[136]. Es ist tunlich, diese Bestimmung bei der Vertragsgestaltung zu berücksichtigen und, soweit nicht ein umfassender Unterhaltsverzicht vereinbart wird, diese Unterhaltsmöglichkeit ausdrücklich auszuschließen – oder vorzubehalten.

## 3. Verzicht auf einzelne Unterhaltstatbestände außerhalb von § 1570 BGB, Höhe des Unterhalts, zeitliche Begrenzung, Abfindung

### a) Allgemeines

Bei der Behandlung dieses Themas ist von der vom BGH propagierten **Kernbereichslehre** auszugehen. Das bedeutet, dass die einzelnen Unter-

---

[134] FamRZ 2004, 601, 608 – „Archäologin" –.
[135] Vgl. *Pauling* in Wendl/Staudigl, Das Unterhaltsrecht in der familienrichterlichen Praxis, § 4 Rn. 587.
[136] Siehe dazu *Bergschneider,* Das Unterhaltsrechtsänderungsgesetz, DNotZ 2008, 95.

haltstatbestände von unterschiedlicher Wertigkeit sind. Die übrigen sechs Unterhaltstatbestände sind aber auch dadurch gekennzeichnet, dass sie nur die Rechte und Pflichten gegenüber dem anderen Ehegatten betreffen, nicht wie der Kindesbetreuungsunterhalt die Rechte Dritter, nämlich die Rechte des Kindes, das Kindeswohl. Das bedeutet, dass dieses Thema vorrangig anhand der Grundsätze der gestörten Vertragsparität/vertraglichen Disparität/unangemessenen Benachteiligung durch den Ehevertrag zu behandeln ist und man daraus wohl den Schluss ziehen kann, dass der auch vom BVerfG und vom BGH beschworene **Grundsatz der Vertragsfreiheit** hier nach wie vor praktische Wirkung entfaltet. Diese Auffassung wird beispielhaft durch die Bemerkung des BGH[137] belegt, dass Lebensrisiken eines Partners, wie sie in einer Ausbildung angelegt sind, die offenkundig keine Erwerbsgrundlage verspricht, von vornherein aus der gemeinsamen Verantwortung der Ehegatten füreinander herausgenommen werden können.

Exemplarisch für die Vertragsfreiheit ist eine Entscheidung des OLG Düsseldorf[138], das einen Unterhaltsverzicht, der lediglich § 1570 BGB ausnahm und in dessen Zusammenhang eine für die Absicherung des Alters bestimmte Abfindung gezahlt wurde, trotz günstigster finanzieller Verhältnisse des Unterhaltspflichtigen („Multimillionär") als wirksam angesehen hat. Als Unterhaltstatbestand kam § 1573 I BGB (Fehlen einer angemessenen Erwerbstätigkeit) in Frage. Da es sich hierbei um einen Anschlussunterhalt nach Kindesbetreuung gehandelt hat, ist das Urteil aber etwas fragwürdig. Generell kann man sogar davon ausgehen, dass eine **einseitige Einkommenssteigerung** regelmäßig keinen Anlass für eine Korrektur der Unterhaltsvereinbarung gibt. Dies hat der BGH in einem Fall, in dem sich das Einkommen des Ehemannes stark erhöhte, festgestellt und in diesem Fall zu Gunsten der Ehefrau lediglich untersucht, ob sich das Einkommen der Ehefrau planungswidrig nicht erhöht hat[139].

Aber auch, wenn es sich um einen Unterhaltsverzicht bezüglich der übrigen sechs Unterhaltstatbestände (also außerhalb des Betreuungsunterhalts nach § 1570 BGB) handelt, kann – insbesondere bei schweren Verstößen im **subjektiven Bereich** – ausnahmsweise eine Sittenwidrigkeit (§ 138 I BGB) in Betracht kommen[140]. Wenn es überhaupt um eine Beanstandung geht, dann wird aber generell eine unzulässige Rechtsausübung (§ 242 BGB) näher liegen als Sittenwidrigkeit (§ 138 I BGB).

---

[137] Vgl. BGH FamRZ 2007, 197 – „Sozialhilfe" –; BGH FamRZ 2007, 450, 451 – „Russische Klavierlehrerin 1" –.
[138] OLG Düsseldorf FamRZ 2005, 216.
[139] Vgl. BGH FamRZ 2007, 974 – „Einkommenssteigerung" –.
[140] Siehe als Beispiel BGH FamRZ 2007, 450 und 1157 – „Russische Klavierlehrerin 1 und 2"–.

## b) Unterhalt wegen Krankheit

Von hoher Wertigkeit ist in diesem Zusammenhang der **Unterhalt wegen Krankheit** (§ 1572 BGB), mit dem sich der BGH in mehreren Entscheidungen zu befassen hatte[141]. Dazu führt er aus, dass das Gesetz dem Unterhalt wegen Krankheit als Ausdruck nachehelicher Solidarität besondere Bedeutung beimisst, was jedoch eine vertragliche Disposition über diesen Unterhaltsanspruch nicht schlechthin ausschließt[142]. In diesen Krankheitsfällen wird man – selbstverständlich unter dem Vorbehalt der Berücksichtigung des Ergebnisses einer Gesamtwürdigung – von folgenden Grundlinien ausgehen können:

– Ist der Ehegatte zum Zeitpunkt des Abschlusses des Ehevertrages bereits krank, verschlimmert sich seine Krankheit bis zur Scheidung nicht oder bringt die Krankheit während dieser Zeit keine größere Unterhaltsbedürftigkeit mit sich, ist ein ehevertraglicher Unterhaltsverzicht nicht zu beanstanden, weder im Wege der Bestandskontrolle nach § 138 I BGB noch der Ausübungskontrolle[143].
– Liegt zum Zeitpunkt des Vertragsabschlusses die Möglichkeit nicht fern, dass der Ehegatte sich nach der Scheidung aus Krankheitsgründen nicht selbst werde unterhalten können, ist die Rechtsprechung des BGH wohl dahingehend zu verstehen, dass es wohl sehr wesentlich auf die subjektive Seite ankommt. Im Fall der russischen Klavierlehrerin hat er den Ehevertrag im Wege der Bestandskontrolle nach § 138 I BGB beanstandet[144]. Dabei war wohl ausschlaggebend, dass die Ehefrau einen Globalverzicht abgeschlossen hatte, als sie von der Ausweisung aus Deutschland bedroht war. Demgegenüber hat der BGH den Verzicht auf Krankenunterhalt im Fall des Juweliergeschäfts[145] nicht beanstandet, obwohl auf Grund eines früher erlittenen Unfalls der spätere Eintritt von Folgen nicht auszuschließen war. Im letzteren Fall war aber offenbar nicht zu erwarten, dass sich der benachteiligte Ehegatte im Krankheitsfalle nicht werden unterhalten können. Generell sagt der BGH, dass das Lebensrisiko eines Partners, wie es in einer vor der Ehe zutage getretenen Krankheit angelegt ist, von vornherein aus der gemeinsamen Verantwortung der Ehegatten füreinander herausgenommen werden kann[146]. Außerhalb der Rechtsprechung zur richterlichen Inhaltskontrolle ist allerdings zu beachten, dass ein Verzicht oder

---

[141] Vgl. z. B. BGH FamRZ 2008, 582, 585 – „Krebserkrankung" –.
[142] Vgl. BGH FamRZ 2008, 582, 584 – „Krebserkrankung" –.
[143] Vgl. BGH FamRZ 2007, 197 – „Sozialhilfe" –.
[144] Vgl. BGH FamRZ 2007, 450 – „Russische Klavierlehrerin 1" –.
[145] Vgl. BGH FamRZ 2007, 1310 – „Juweliergeschäft" –.
[146] So ausdrücklich BGH FamRZ 2007, 197 – „Sozialhilfe" –.

Teilverzicht auf Krankenunterhalt nicht zu Lasten der Sozialhilfe gehen darf[147].

— Aus dem hervorgehobenen Hinweis des BGH im soeben genannten Urteil betreffend die russische Klavierlehrerin, wo im Zeitpunkt des Vertragsabschlusses die nicht fern liegende Möglichkeit bestand, der andere Ehegatte werde sich aus Krankheitsgründen bei der Scheidung nicht selbst unterhalten können, wird man im Umkehrschluss folgern können: Besteht zum Zeitpunkt des Vertragsabschlusses kein Anhaltspunkt dafür, der Ehegatte werde bei der Scheidung sich aus Krankheitsgründen nicht selbst unterhalten können, dann ist der Verzicht nicht im Wege der Bestandskontrolle nach § 138 I BGB zu beanstanden. Eine Beanstandung im Wege der Ausübungskontrolle ist aber möglich, wie sie in einem Fall mit Globalverzicht das OLG Koblenz[148] vorgenommen hat und der BGH erwogen hat[149]. In diesem Urteil hat der BGH die Vertragsanpassung nach den ehebedingten Nachteilen ausgerichtet und die Frage behandelt, ob die Ehefrau besser stünde, wenn sie die Ehe nicht geschlossen hätte.

In schwierig einzuschätzenden Fällen bietet sich als Möglichkeit an, den so genannten **Notunterhalt** im Krankheitsfall aus dem Verzicht auszunehmen und die Höhe des Unterhalts zu beschränken.

**Formulierungsvorschlag:**
„Die Parteien verzichten hiermit auf nacheheliche Unterhalt in jeder Form und in allen Lebenslagen, ausgenommen einer durch unverschuldete Krankheit verursachten Not und nehmen diesen Verzicht hiermit wechselseitig an. Ein solcher Notfall ist dann anzunehmen, wenn einem Ehegatten ohne diesen Unterhaltsverzicht ein gesetzlicher Unterhaltsanspruch zustünde und er den Unterhaltsbedarf in Höhe des notwendigen Selbstbehalts bei Nichterwerbstätigen nicht mehr selbst decken kann. Der Unterhaltsbedarf gegenüber dem anderen Ehegatten beschränkt sich in einem solchen Fall auf den notwendigen Selbstbehalt bei Nichterwerbstätigen abzüglich des eigenen Einkommens. Die Höhe dieses Selbstbehalts bestimmt sich nach den jeweiligen Unterhaltsrechtlichen Leitlinien der Familiensenate in Süddeutschland (SüdL Ziffer 21.2; Stand 1. 1. 2008 = monatlich 770 €). Dieser Verzicht gilt auch für den Fall der Änderung der Rechtsprechung oder einer Gesetzesänderung. Im Übrigen gelten die gesetzlichen Vorschriften."

### c) Unterhalt wegen Alters

Der Unterhalt wegen Alters (§ 1571 BGB) ist innerhalb der Kernbereichslehre des BGH von gleich hoher Wertigkeit wie der Krankenunter-

---

[147] Vgl. BGH FamRZ 1983, 137; FamRZ 2007, 197 — „Sozialhilfe" —; siehe auch unten VIII.3.
[148] Vgl. OLG Koblenz FamRZ 2006, 420 mit Anm. *Bergschneider.*
[149] Vgl. BGH FamRZ 2008, 582 — „Krebserkrankung" —.

halt[150]. Ein Verzicht auf nachehelichen Unterhalt wegen Alters kann dann sittenwidrig sein, wenn die Parteien bei ihrer Lebensplanung im Zeitpunkt des Vertragsschlusses einvernehmlich davon ausgegangen sind, dass sich der eine Ehegatte dauerhaft oder doch langfristig völlig aus dem Erwerbsleben zurückziehen und der Familienarbeit widmen solle. In einem solchen Fall wäre diesem Ehegatten der Aufbau einer eigenen Sicherung gegen die Risiken des Alters auf Dauer verwehrt und würde eine stetige Abhängigkeit vom anderen Ehegatten begründen[151]. Auch ist zu berücksichtigen, in welchem Umfang der verzichtende Ehegatte, der seit der Eheschließung an einer seine Erwerbsfähigkeit mindernden Erkrankung leidet, im Scheidungsfall seine eigene Altersversorgung durch künftige versicherungspflichtige Tätigkeit voraussichtlich weiter ausbauen kann[152]. Hingegen ist gegen einen Verzicht auf Altersunterhalt dann nichts einzuwenden, wenn bei der Eheschließung bereits ein wesentlicher Teil der Altersversorgung erworben worden ist. Hier gilt im Wesentlichen das Gleiche wie bei einem Verzicht auf Versorgungsausgleich[153]. Überhaupt macht es beim Altersunterhalt einen Unterschied aus, ob der Unterhaltsberechtigte im Alter eine angemessene Rente zu erwarten hat oder nicht. Ist keine oder nur eine geringe Rente zu erwarten, kann die Problematik der objektiven Seiten beispielsweise dadurch entschärft werden, dass der (mutmaßlich) Unterhaltspflichtige gemäß dem Ehevertrag eine Lebensversicherung zu Gunsten des Unterhaltsberechtigten abschließt oder gemäß der Scheidungsvereinbarung Altersvorsorgeunterhalt (§ 1578 III BGB) zahlt.

### d) Zu den übrigen Unterhaltstatbeständen

Weitere Unterhaltstatbestände sind der

– Unterhalts wegen Erwerbslosigkeit (§ 1573 I BGB),
– Aufstockungsunterhalt (§ 1573 II BGB),
– Unterhalt wegen Ausbildung, Fortbildung und Umschulung (§ 1575 BGB),
– Unterhalt aus Billigkeitsgründen (§ 1576 BGB).

Diese weiteren Unterhaltstatbestände liegen außerhalb des Kernbereichs des Ehegattenunterhaltsrechts und sind damit von wesentlich geringerer Wertigkeit als der Kranken- und Altersunterhalt oder gar der Kindesbetreuungsunterhalt[154]. Für diese Unterhaltstatbestände gilt deshalb weit-

---

[150] Vgl. BGH FamRZ 2008, 582, 585 – „Krebserkrankung" –.
[151] So ausdrücklich BGH FamRZ 2004, 601, 607 – „Archäologin" – und FamRZ 207, 1310, 1312 – „Juweliergeschäft" –.
[152] Vgl. BGH FamRZ 2005, 26, 27 –„Versorgungsausgleich 1" –.
[153] Siehe dazu BGH FamRZ 2005, 691 – „Weitgehender Verzicht" –.
[154] Vgl. BGH FamRZ 2008, 582 – „Krebserkrankung –.

gehende **Vertragsfreiheit**. Für sich allein betrachtet, wird deshalb nur in den allerseltensten Fällen eine Beanstandung im Wege der **Bestandskontrolle** (§ 138 I BGB) wegen Sittenwidrigkeit angenommen werden können. Der BGH ist bisher auch noch in keinem Fall zu einer derartigen Beanstandung gekommen. Fälle einer wirksamen **Ausübungskontrolle** (§ 242 BGB) wegen unzulässiger Rechtsausübung sind eher vorstellbar. Speziell auf die Unterhaltstatbestände des Unterhalts wegen Erwerbslosigkeit (§ 1573 I BGB) und des Aufstockungsunterhalts (§ 1573 II BGB) zu beziehen ist die Feststellung des BGH[155], dass Lebensrisiken eines Partners, wie sie in einer Ausbildung angelegt sind, die offenkundig keine Erwerbsgrundlage verspricht, aus der gemeinsamen Verantwortung der Ehegatten herausgenommen werden können. Die Beanstandung eines für sich genommen beanstandungsfreien Unterhaltsverzichts als sittenwidrig kann allerdings dann vorgenommen werden, wenn der Vertrag **insgesamt sittenwidrig** ist, wobei „in der Regel" bereits dann der gesamte Vertrag sittenwidrig ist, wenn einzelne Klauseln sittenwidrig sind[156]. Zur Sittenwidrigkeit eines Verzichts auf einen der geringerwertigen Unterhaltstatbestände kann es schließlich bei ganz besonders gravierenden Beanstandungen im **subjektiven Bereich** kommen. Besonders geschützt sind diese Unterhaltstatbestände, wenn sie als Anschlussstatbestand nach dem Kindesbetreuungsunterhalt eingreifen; dies gilt ganz besonders für den Aufstockungsunterhalt[157]. Wieder einmal: Die **Gesamtbetrachtung** entscheidet.

In Zweifelsfällen lässt sich das Beanstandungsrisiko dann vermeiden oder zumindest reduzieren, wenn auf den Unterhalt nicht umfassend, sondern nur beschränkt verzichtet wird[158].

### e) Verschärfung der Verwirkung (§ 1579 BGB)

Ein Unterhaltsanspruch kann beschränkt oder versagt werden, wenn die Voraussetzungen von § 1579 BGB gegeben sind. In der Vertragspraxis werden die dort aufgeführten Unbilligkeitsfälle hin und wieder erweitert oder über die von der Rechtsprechung entwickelten Voraussetzungen hinaus verschärft. Am häufigsten geschieht dies im Zusammenhang mit § 1579 Nr. 2 BGB in der Weise, dass die von der Rechtsprechung mit regelmäßig mindestens zwei Jahre festgesetzte Frist zur Annahme einer **verfestigten Lebensgemeinschaft**[159] in einem Ehevertrag oder einer Scheidungsvereinbarung verkürzt wird, manchmal sogar ganz

---

[155] Vgl. BGH FamRZ 2007, 197 – „Sozialhilfe" –.
[156] Vgl. BGH FamRZ 2005, 1444 – „Schwangere 1" –; BGH FamRZ 2006, 1097 – „Brasilianerin" –.
[157] Vgl. BGH FamRZ 2004, 601 – „Archäologin" – ; siehe oben VI.2.c).
[158] Siehe als Vertragsmuster *Bergschneider,* Verträge in Familiensachen, Rn. 428 ff.
[159] Vgl. Palandt/Brudermüller § 1579 BGB Rn. 7 (Nachtrag).

wegfällt. Im Rahmen der richterlichen Inhaltskontrolle kann eine solche Unterhaltsbeschränkung zu einer Beanstandung führen[160]. Zu beurteilen sind solche Fälle auf der Grundlage der Kernbereichslehre des BGH, was bedeutet, dass eine Beschränkung des Betreuungsunterhalts nach § 1570 BGB im Wege einer Verschärfung der Voraussetzungen des § 1579 BGB besonders problematisch ist. Allerdings hat der BGH in einem Fall[161] eine Vertragsklausel erwähnt, wonach der Unterhaltsanspruch endet, wenn die Unterhaltsberechtigte eine nichteheliche Lebensgemeinschaft mit einem neuen Partner eingeht, ist jedoch in der Urteilsbegründung nicht näher auf diese Klausel eingegangen.

### f) Höhe des Unterhalts

Sofern nicht Sittenwidrigkeit anzunehmen ist, ist für eine **Beschränkung der Höhe** des dem Berechtigten zustehenden Unterhalts der Betrag, der die **ehebedingten Nachteile** ausgleicht, in aller Regel unproblematisch. Dies ergibt sich daraus, dass der BGH bei Beanstandungen im Wege der Ausübungskontrolle einen Ausgleich in diesem Maß sehr häufig als angemessen ansieht. Ist Sittenwidrigkeit anzunehmen, gelten zwar die gesetzlichen Vorschriften der §§ 1578 ff. BGB, doch kann hier die neu eingeführte Vorschrift des § 1578 b BGB zu einer Herabsetzung und/oder Befristung des an und für sich maßgebenden Unterhalts nach den ehelichen Lebensverhältnissen führen.

Vereinbarungen mit einem Unterhalt, der weniger als die ehebedingten Nachteile ausgleicht, sind im Hinblick auf die Vertragsfreiheit möglich, sofern sich eine Beanstandung nicht aus anderen Umständen ergibt. Die Schwelle des so genannten **notwendigen Selbstbehalts** als Mindestbetrag ist jedoch von erheblicher Bedeutung. Liegt der Unterhalt – unter Berücksichtigung des eigenen Einkommens – darunter, wird die vereinbarte Unterhaltsbeschränkung in der Regel problematisch sein. Geht der vereinbarte Unterhalt über diesen Betrag hinaus, wird die Dispositionsfreiheit nach und nach größer, regelmäßig bezogen auf die jeweilige Rangstufe im Kernbereich des Unterhaltsrechts und die Höhe des nach dem Gesetz zustehenden Unterhalts. Im Prinzip das Gleiche gilt bei einer **zeitlichen Beschränkung** des Unterhalts, wobei der Gesichtspunkt des Ausgleichs ehebedingter Nachteile zu einem Unterhalt für eine Übergangszeit und damit zu einer zeitlichen Beschränkung des Unterhalts führen kann.

Mit einem Fall der Ausübungskontrolle bei Vereinbarung eines **Festunterhalts** (Besoldungsgruppe A 3 Dienstaltersstufe 10) hat sich das

---

[160] Vgl. OLG München FamRZ 2006, 1449, das sogar Sittenwidrigkeit annahm.
[161] BGH FamRZ 2005, 1444, 1445 – „Schwangere 1" –.

OLG Karlsruhe[162] befasst. Dort hatten sich die Einkommensverhältnisse des Ehemannes nach 16-jähriger Ehe außergewöhnlich gut entwickelt. Demgegenüber waren die Vorstellungen der Ehegatten, die Ehefrau werde neben der Betreuung des erwarteten Kindes wieder erwerbtätig sein, nicht eingetreten und für die Ehefrau war der Arbeitsmarkt in ihrem Beruf nunmehr verschlossen. Das OLG **verdoppelte** den vereinbarten Festunterhalt, obwohl er sich auf den Unterhaltstatbestand des § 1573 I BGB (Fehlen einer angemessenen Erwerbstätigkeit) stützte, der also eher in der Mitte des unterhaltsrechtlichen Kernbereichs liegt. Eine solche Pauschalregelung käme zwar der Praxis entgegen, wurde aber in diesem Fall nicht vom BGH goutiert, der eine genaue Untersuchung der ehebedingten Nachteile verlangte[163].

### g) Unterhaltsabfindung

Für eine Abfindungsvereinbarung über nachehelichen Unterhalt (§ 1585 II BGB) gilt im Grundsatz das Gleiche wie für sonstige Unterhaltsbeschränkungen. Der auch hier dominierende Gesichtspunkt der **ehebedingten Nachteile** lässt in der Praxis oft an die Zahlung eines Startkapitals für die Begründung einer selbständigen Existenz denken.

### h) Vereinbarungen über den Rang

Die Rangvorschriften der §§ 1582, 1609 BGB sind insoweit zwingendes Recht, als sie den Unterhalt von Verwandten, getrennt lebenden Ehegatten und Eltern im Rahmen von § 16161 BGB betreffen[164], da sie sonst einen Verzicht nach § 1614 BGB zur Folge haben[165]. Damit sind für die richterliche Inhaltskontrolle nur Rangnachteile zu geschiedenen Ehegatten von Bedeutung. Für sie gelten insoweit die allgemeinen Grundsätze, wobei es meist um den Betreuungsunterhalt nach § 1570 BGB gehen dürfte. Bedenklich können auch Unterhaltsvereinbarungen sein, die sich zum Nachteil eines nachrangigen Dritten auswirken. Beispiel: Es wird ein weit über das gesetzliche Maß hinausgehender nachehelicher Unterhalt vereinbart (§ 1609 Nr. 2 oder 3 BGB), der zu Lasten des Elternunterhalts (§ 1609 Nr. 6 BGB) und möglicherweise der Sozialhilfe geht.

### i) Subjektive Seite

Zusätzlich zu dem konkreten Recht, auf das verzichtet wird, ist selbstverständlich die **subjektive Seite** zu beachten und zu wahren. Bei Beur-

---

[162] OLG Karlsruhe FamRZ 2004, 1789 mit Anm. *Bergschneider.*
[163] Vgl. BGH FamRZ 2007, 974 – „Einkommenssteigerung" –.
[164] Siehe dazu *Klein* in Weinreich/Klein, Familienrecht, § 1614 BGB Rn. 9.
[165] Zum Ermessensspielraum siehe *Bergschneider,* Verträge in Familiensachen, Rn. 347f., 526.

teilung der subjektiven Seite hat man neben der persönlichen Bedeutung des Verzichts auch die einzelnen Stufen des Kernbereichs im Auge zu behalten. Das heißt, dass bei so hochrangigen Unterhaltstatbeständen wie dem **Alters- und Krankenunterhalt** (§§ 1571, 1572 BGB) der subjektiven Seite eine ganz besondere Bedeutung beigemessen werden muss. Beim **Ausbildungsunterhalt,** (§ 1575 BGB) dem letzten Unterhaltstatbestand auf der Stufenleiter, wird die subjektive Seite weniger gewichtig sein. Die **Faustregel** kann etwa lauten: Je gewichtiger der Verzicht und je höherstufig der Unterhaltstatbestand ist, auf den verzichtet wird, um so mehr ist die subjektive Seite zu beachten.

### 4. Vorsorgeunterhalt

In seiner grundlegenden Entscheidung zur richterlichen Inhaltskontrolle hatte der BGH den Krankenvorsorge- und Altersvorsorgeunterhalt an die vierte Rangstelle innerhalb des Kernbereichs des Scheidungsfolgenrechts gesetzt, also verhältnismäßig weit unten angesiedelt. Mit einer späteren Entscheidung[166] hat er den **Kranken- und Altersvorsorgeunterhalt** jedoch stark aufgewertet und ihn in denjenigen Fällen aus dieser Leiter herausgenommen und dem jeweiligen Unterhaltstatbestand zugeordnet, in denen er ehebedingte Nachteile ausgleichen soll. Ein solcher Ausgleich ehebedingter Nachteile wird beim Betreuungsunterhalt (§ 1570 BGB) regelmäßig in Betracht kommen, ist jedoch auch bei einzelnen anderen Unterhaltstatbeständen vorstellbar.

Wird der ehevertragliche Verzicht auf Altersvorsorgeunterhalt im Wege der Ausübungskontrolle beanstandet, so hat sich dieser gemäß demselben Urteil nicht nach den ehelichen Lebensverhältnissen zu richten, sondern beschränkt sich auf den Ausgleich des **konkreten Nachteils.** Für den vom BGH entschiedenen Fall bedeutete dies, dass die Ehefrau so behandelt wird, wie sie – ohne Kindesbetreuung – bei Fortführung ihrer Erwerbstätigkeit im Hinblick auf ihre Altersversorgung stünde (ehebedingter Nachteil). Als rechnerischen Maßstab gibt der BGH an: Ausgleich des ehebedingten Versorgungsnachteils ist dabei grundsätzlich der Betrag, den der Kinder betreuende Ehegatte ohne die Kinderbetreuung – bei Weiterführung seiner beruflichen Tätigkeit und unter Einsatz des ihm daraus zufließenden Einkommens, ggf. unter Einbeziehung entsprechender Beiträge des Arbeitgebers – für den Auf- und Ausbau seiner Altersversorgung hätte verwenden können. Selbstverständlich ist dabei die Leistungsfähigkeit des Unterhaltspflichtigen zu berücksichtigen; der Vorsorgeunterhalt darf damit die gesetzliche Höhe nicht überschreiten.

---

[166] Vgl. BGH FamRZ 2005, 1449 – „Vorsorgeunterhalt" –.

## 5. Eheliches Güterrecht

Das eheliche Güterrecht ist im Rahmen der richterlichen Inhaltskontrolle unter verschiedenen Aspekten zu betrachten.

### a) Grundsatz

Der BGH hat in mehreren Entscheidungen herausgestellt, dass es sich bei der Gütertrennung um eine vom Gesetz ausdrücklich zur Verfügung gestellte und damit eröffnete Gestaltungsmöglichkeit handelt[167]. Demzufolge positioniert er das Güterrecht außerhalb des Kernbereichs des Scheidungsfolgenrechts und billigt ihm regelmäßig die **volle Vertragsfreiheit** zu. Die Berufung auf eine wirksam vereinbarte Gütertrennung werde sich deshalb nur unter engsten Voraussetzungen als **rechtsmissbräuchlich** erweisen[168].

In diesem Zusammenhang ist auch zu bedenken, dass § 1408 BGB die **amtliche Überschrift** „Ehevertrag, Vertragsfreiheit" trägt. Da amtliche Überschriften nicht nur einen kurzen Hinweis auf die in einer Gesetzesbestimmung enthaltende Materie enthalten, sondern eine nach dem Willen des Gesetzgebers vorzunehmende Interpretation geben, also von normativer Qualität sind, sollte dieser Gesichtspunkt nicht außer Acht gelassen werden. Im Unterschied dazu erwähnt die amtliche Überschrift von § 1585c BGB die Vertragsfreiheit nicht ausdrücklich; es heißt dort lediglich „Vereinbarungen über den Unterhalt".

Dieses Verständnis von der güterrechtlichen Vertragsfreiheit wurde auch einheitlich von der Rechtsprechung der Oberlandesgerichte aufgenommen. So hat denn auch das OLG Hamm[169] lapidar festgestellt, ein mit einer Schwangeren abgeschlossener Ehevertrag, der allein die Regelung der Gütertrennung zum Inhalt hat, sei wirksam. Gleiches gilt für die Literatur. So stellt *Wagenitz*[170] fest, dass eine vereinbarte Gütertrennung – für sich genommen – die Sittenwidrigkeit des Ehevertrages wohl niemals begründen werde; sie könne allenfalls zur Unbilligkeit des Zugewinnausschlusses führen. Diese Stimmen decken sich mit einschlägigen Entscheidungen des BGH, wonach ein Ausschluss des Zugewinnausgleichs „regelmäßig nicht sittenwidrig" sein werde[171].

Für einen Rechtsmissbrauch liefert der BGH[172] in seiner grundlegenden Entscheidung selbst ein Beispiel: Die Ehegatten gehen bei ihrer Ab-

---

[167] Vgl. BGH FamRZ 2008, 386, 388 – „Mehrheitsgesellschafter" –.
[168] Vgl. BGH FamRZ 2004, 601, 608 – „Archäologin" –; FamRZ 2007, 1310 – „Juweliergeschäft" –.
[169] Vgl. OLG Hamm FamRZ 2006, 268 mit Anm. *Bergschneider.*
[170] Siehe *Wagenitz,* Wirksamkeits- und Ausübungskontrolle bei Eheverträgen – ein Überblick über die Rechtsprechung des Bundesgerichtshofs, FamRZ-Buch 22, S.19ff.
[171] BGH FamRZ 2008, 386 – „Mehrheitsgesellschafter" –.
[172] BGH FamRZ 2004, 601, 608 – „Archäologin" –.

rede von beiderseitiger, ökonomisch vergleichbar gewinnbringender Berufstätigkeit aus, diese Planung lässt sich aber später nicht verwirklichen.

Eine abstrakte Abgrenzung der Rechtsfolgen einer zu beanstandenden Güterstandsregelung, ob also Sittenwidrigkeit (§ 138 I BGB) oder unzulässige Rechtsausübung (§ 242 BGB) anzunehmen ist, lässt sich allerdings nicht ziehen. Unter Zuhilfenahme der im grundlegenden Urteil des BGH[173] entwickelten Prinzipien ist jeweils nach dem konkreten Einzelfall zu entscheiden.

**b) Zum Güterstand im Wirtschaftsleben**

Die regelmäßig volle Vertragsfreiheit im Güterrecht und damit die Wahl der Gütertrennung ist für **Selbständige und Gewerbetreibende** von größter Bedeutung. Bei ihnen sei nach einem Beschluss des OLG München[174] nicht von vornherein auf eine Benachteiligungsabsicht zum Nachteil des anderen Ehegatten zu schließen. Im Hinblick auf das wirtschaftliche Risiko eines Gewerbetreibenden sei die Wahl dieses Güterstandes vielfach sogar interessengerecht.

Gerade wenn man an Gesamtvermögensgeschäfte (§§ 1365 ff. BGB), Auskunftsverpflichtungen (§ 1379 BGB) und Liquiditätsprobleme (§ 1378 III 1 BGB) denkt, die mit der Zugewinngemeinschaft verbunden sind, kann man dieser Rechtsprechung nur zustimmen. Eine modifizierte Zugewinngemeinschaft in Form der Herausnahme des Unternehmens aus dem Zugewinn (partielle Zugewinngemeinschaft)[175] ist schon wegen der schwierigen Handhabung oft keine Alternative zu einer Gütertrennung.

Die Verpflichtung zur Vereinbarung der Gütertrennung ist zudem in vielen Gesellschaftsverträgen den Gesellschaftern auferlegt. Für sie stellt ein entsprechender Ehevertrag eine Notwendigkeit dar, die grundsätzlich nicht durch eine richterliche Inhaltskontrolle unterlaufen werden darf.

**c) Grenzen der güterrechtlichen Freiheit**

Die bisherige Rechtsprechung des BGH sollte aber **nicht als Freibrief** missverstanden werden. Wie der BGH ausführt, sei die Korrektur von Eheverträgen zwar grundsätzlich über das Unterhaltsrecht vorzunehmen, grob unbillige Versorgungsdefizite seien „allenfalls hilfsweise durch Kor-

---

[173] BGH FamRZ 2004, 601 – „Archäologin" –.
[174] OLG München FamRZ 2003, 378 (16. Zivilsenat) mit Anm. *Bergschneider*.
[175] Siehe dazu *Bergschneider*, Verträge in Familiensachen, Rn. 691 ff.

rektur der von den Ehegatten gewählten Vermögensordnung zu kompensieren[176]".

Wie stets bei der richterlichen Inhaltskontrolle kann es auch in diesem Bereich sehr wesentlich auf die **subjektive Seite** ankommen, zumal die Gütertrennung in vielen Fällen mehr oder minder verschleiert aufgezwungen wird, nicht selten mit der – oft bewusst falschen – Behauptung, dass mit der Vereinbarung der Gütertrennung die bei der Zugewinngemeinschaft bestehende Mithaftung des anderen Ehegatten vermieden werden soll. So hat denn auch das OLG Oldenburg[177] entschieden, dass der ehevertraglich – neben dem Teilverzicht auf Unterhaltsansprüche sowie Versorgungsausgleichsansprüche – vereinbarte Ausschluss des Zugewinnausgleichs jedenfalls dann unwirksam ist, wenn die schwangere Braut erst kurze Zeit vor der beabsichtigten Eheschließung erstmalig mit dem Abschluss des Ehevertrages konfrontiert wurde („Last-minute-Eheverträge"). Zum Sachverhalt: Der Hochzeitstermin war bestimmt, die Gäste waren geladen, als der spätere Ehemann unvermittelt an sie wegen der Unterzeichnung des Vertrages herantrat. Dazu führt das OLG aus, die **Art des Zustandekommens des Vertrages** lasse erkennen, dass die Interessen der im 5. Monat schwangeren Ehefrau keine hinreichende Berücksichtigung gefunden haben, auch wenn sie **entsprechend belehrt** worden ist (subjektive Seite!).

Die Vereinbarung der Gütertrennung kann mit Erfolgsaussichten aber auch dann angegriffen werden, wenn es sich um einen Vertrag mit Unterhaltsverzicht, Verzicht auf Versorgungsausgleich und Gütertrennung **(Totalverzicht/Globalverzicht)** handelt. Ein Unterhaltsverzicht und ein Verzicht auf Versorgungsausgleich von Gewicht können im Wege der Inhaltskontrolle zur **Sittenwidrigkeit** des Gesamtvertrages führen und damit auch zur Unwirksamkeit der Gütertrennung, die für sich allein gesehen nicht zum Kernbereich des Scheidungsfolgenrechts gehört. Dabei sei an den Hinweis des BGH[178] erinnert, dass dann, wenn einzelne Klauseln sittenwidrig sind, „in der Regel" der gesamte Vertrag nichtig ist, wenn nicht anzunehmen ist, dass er auch ohne die nichtigen Klauseln geschlossen sein würde. Repräsentativ für diese Rechtsprechung sind Entscheidungen des OLG Nürnberg[179] und des OLG Celle[180]. In solchen Fällen reißt die Beanstandung des Unterhaltsverzichts und des Verzichts auf Versorgungsausgleich die vereinbarte Gütertrennung gleichsam mit ins

---

[176] BGH FamRZ 2001, 601, 605 – „Archäologin" –.
[177] OLG Oldenburg FamRZ 2004, 545 mit Anm. *Bergschneider.*
[178] Vgl. BGH FamRZ 2005, 1444 – „Schwangere 1" –.
[179] OLG Nürnberg FamRZ 2005, 454.
[180] OLG Celle FamRZ 2004, 1489; dieses Urteil hat der BGH (FamRZ 2007, 1310 – „Juweliergeschäft" – zwar aufgehoben, die Problematik jedoch erwähnt.

Verderben. Bedenkenswert ist auch der weitere Hinweis des BGH[181], dass die Nichtigkeitsfolge notwendig den gesamten Vertrag erfasst, wenn ein Ehevertrag für eine Partei ausnahmslos nachteilig ist und seine Einzelregelungen durch keine berechtigten Belange der anderen Partei gerechtfertigt sind. Was das Güterrecht angeht, wird man allerdings sehr häufig auf berechtigte Belange verweisen und damit in diesem Punkt die Sittenwidrigkeit vermeiden können.

**d) Direktversicherung usw.**

Fraglich ist, ob man die Rechtsprechung des BGH zur grundsätzlichen Beanstandungsfreiheit der Gütertrennung auf Direktversicherungen auf Kapitalbasis, die nach der Rechtsprechung des BGH[182] nicht in den Versorgungsausgleich, sondern in den Zugewinnausgleich fallen, übertragen kann. Da die diesbezüglichen Anrechte in wirtschaftlicher Hinsicht **Versorgungscharakter** haben, ist es angebracht, sie im Rahmen der richterlichen Inhaltskontrolle so zu behandeln wie Vereinbarungen zum Versorgungsausgleich, der bekanntlich in der Kernbereichslehre des BGH die zweite Rangstelle einnimmt. Die übrigen Betriebsrenten nach § 1 BetrAVG, die Kapitalleistungen zum Gegenstand haben, sollten in gleicher Weise behandelt werden[183].

Überhaupt stellt sich die Frage, ob **Lebensversicherungen auf Kapitalbasis,** die nach der allgemeinen Rechtsprechung zugewinnausgleichsrechtlich zu behandeln sind[184], auch im Rahmen der richterlichen Inhaltskontrolle ohne Ausnahme wie sonstige güterrechtliche Vereinbarungen behandelt werden sollen. Beispiel: In einem Ehevertrag wird Gütertrennung und der Verzicht auf Versorgungsausgleich vereinbart, jedoch keine Regelung zum nachehelichen Unterhalt getroffen. Aus der Ehe gehen mehrere Kinder hervor, die einvernehmlich über lange Jahre von der Ehefrau betreut werden. Der Ehemann erwirbt in der Ehezeit keine dem Versorgungsausgleich unterfallenden Anrechte, zahlt jedoch hohe Beiträge in eine Kapitallebensversicherung. Die Ehefrau erwirbt ehezeitlich ebenfalls keine Anrechte zum Versorgungsausgleich, ausgenommen aus Kindererziehungszeiten, der Ehemann zahlt für sie auch nicht in eine Lebensversicherung ein. Im Fall der Scheidung festzustellen, dass unter Versorgungsgesichtspunkten die Ehefrau nahezu leer ausgeht, der Ehemann jedoch seine Kapitallebensversicherung unter Hinweis auf die Kernbereichslehre des BGH ungeschmälert behält, kann nicht hinge-

---

[181] Vgl. BGH FamRZ 2006, 1097 – „Brasilianerin" –.
[182] BGH FamRZ 1993, 793.
[183] Zur betrieblichen Altersversorgung siehe FA-FamR/*Gutdeutsch,* 7. Kap. Rn. 72 ff.
[184] Zur Abgrenzung von Güterrecht und Versorgungsausgleich siehe KK-FamR/*Rehme* § 1587 BGB Rn. 71 ff., 55.

nommen werden. Hier hat die Bestandskontrolle oder zumindest die Ausübungskontrolle korrigierend einzugreifen.

Das bedeutet aber nicht, dass immer dann, wenn Gütertrennung vereinbart ist und aus dem Versorgungsausgleich keine Leistungen zu erwarten sind, die Gütertrennung angegriffen werden kann[185].

### e) Ausgleichszahlung

In problematischen Fällen kann es deshalb für die Wirksamkeit entscheidend sein, ob Leistungen zu Gunsten des verzichtenden Teils vereinbart sind. Beispielsweise wird sich mit einer Ausgleichszahlung oft das Argument entkräften lassen, der eine Vertragspartner habe die schwächere Lage des anderen Teils bewusst zu seinem Vorteil ausgenutzt[186]. Dabei kann entscheidend sein, ob die versprochene Ausgleichszahlung auch tatsächlich erbracht worden ist[187]. Problematisch können auch Güterrechtsvereinbarungen dann werden, wenn sich die beiderseitigen Vermögensverhältnisse entgegen den **ursprünglichen Planungen** zu einem auffälligen Missverhältnis entwickeln. Eine Beanstandung erfolgt jedoch dann nicht, wenn die Parteien nicht von beiderseitiger, ökonomisch vergleichbarer gewinnbringender Berufstätigkeit ausgegangen sind[188]. Bei Ausgleichszahlungen kann allerdings das Schenkungssteuerrecht störend wirken.

### f) Beanstandung der erbrechtlichen Konsequenzen

Bei der Gütertrennung ist auch zu bedenken, dass sie nicht nur einen Vermögensausgleich im Fall der Scheidung verhindert, sondern auch im Erbfall gegenüber der Zugewinngemeinschaft nachteilig sein kann, indem sich die **gesetzliche Erbquote** und damit auch der Pflichtteil des überlebenden Ehegatten vermindern kann. Im Güterstand der Zugewinngemeinschaft beträgt der Erbteil des überlebenden Ehegatten – zumindest bei der erbrechtlichen Lösung – $^1/_2$ (§§ 1931 I 1, 1371 I BGB), während er bei der Gütertrennung grundsätzlich nur $^1/_4$ beträgt (§ 1931 I 1 BGB). Hinterlässt der Verstorbene neben dem Ehegatten zwei Kinder, so beträgt der Erbteil des überlebenden Ehegatten im Güterstand der Zugewinngemeinschaft unverändert $^1/_2$ (§§ 1931 I 1, 1371 I BGB), im Güterstand der Gütertrennung nur $^1/_3$ (§ 1931 IV BGB). Abgesehen von der allgemeinen Problematik der Auswirkung der Rechtsprechung zur rich-

---

[185] Siehe dazu BGH FamRZ 2008, 386, 388 – „Mehrheitsgesellschafter" –.
[186] So auch OLG Celle FamRZ 2004, 1202 mit Anm. *Bergschneider;* als Vertragsmuster siehe *Bergschneider,* Verträge in Familiensachen, Rn. 716.
[187] Vgl. BGH FamRZ 2005, 1444, 1488 – „Schwangere 1" – zum Versorgungsausgleich.
[188] So BGH FamRZ 2008, 386, 389 – „Mehrheitsgesellschafter" –.

terlichen Inhaltskontrolle auf das Erbrecht, wird man aber nicht so weit gehen können, die durch die Gütertrennung eintretende Verkürzung der Erbquote im Kontrollwege zu beanstanden.

### g) Steuerlicher Vorteil auf Grund einer Beanstandung

So paradox es sich zunächst auch anhören mag: Die Beanstandung einer Gütertrennung als sittenwidrig kann sich in besonderen Ausnahmefällen auch **vorteilhaft** auswirken, nämlich in steuerlicher Hinsicht. In der Praxis wird heute in vielen Fällen nicht mehr die Gütertrennung gewählt, sondern es verbleibt bei der Zugewinngemeinschaft, vielfach in modifizierter Form. Bekanntlich liegt der Grund für diese Entscheidung häufig in den erbschaftsteuerlichen Vorteilen der Bestimmung des § 5 ErbStG, die Leistungen aus dem tatsächlich erhaltenen Zugewinn (**§ 5 II ErbStG**) von der Besteuerung mit Erbschafts- und Schenkungssteuer freistellt. Haben die Eheleute Gütertrennung vereinbart, entfällt dieser **steuerliche Vorteil.** Heben sie den Güterstand der Gütertrennung auf und kommt es dadurch zum Güterstand der Zugewinngemeinschaft (§ 1414 BGB), kann dies in steuerlicher Hinsicht nur mit Wirkung für die Zukunft geschehen. Eine etwa vereinbarte **Rückwirkung** hat nur schuldrechtliche Bedeutung, wird steuerlich jedoch nicht anerkannt[189].

In besonderen **Ausnahmefällen** kann es im Ergebnis jedoch zu einer Rückwirkung kommen, wenn die Eheleute feststellen, dass die ehevertraglich vereinbarte Gütertrennung sittenwidrig und damit nichtig war. Anstatt des Güterstandes der Gütertrennung bestand damit von Anfang an der Güterstand der Zugewinngemeinschaft. Um **steuerlich anerkannt** zu werden, muss die Vereinbarung aber tatsächlich sittenwidrig gewesen sein[190]. Einer neuerlichen notariellen Urkunde bedarf es in diesem Zusammenhang nicht. Es wird sich aber empfehlen, in einer notariellen Urkunde unter Hinweis auf die Rechtsprechung des BVerfG und des BGH die Sittenwidrigkeit des bisherigen Ehevertrages und als Konsequenz daraus das Bestehen des Güterstandes der Zugewinngemeinschaft festzustellen. Dabei sollten die Gründe für die Unwirksamkeit festgehalten werden; neben dem objektiven Rechtsverzicht, der sich ohnedies aus der ursprünglichen Urkunde ergibt, sollte der Darstellung der damaligen subjektiven Situation besondere Aufmerksamkeit gewidmet werden.

Im weiteren Verlauf der Ehe kann es bei der Zugewinngemeinschaft verbleiben, es besteht aber auch die Möglichkeit, den Güterstand der Zugewinngemeinschaft, der ja von Anfang an galt, aufzuheben und wiederum Gütertrennung zu vereinbaren. Bei dieser Gelegenheit kann der Zu-

---

[189] Siehe *Troll/Gebel/Jülicher*, § 5 ErbStG Rn. 76.
[190] Siehe dazu *Kessler*, Nichtige Eheverträge: ein steuerlicher Segen? ZEV 2008, 27.

gewinn ausgeglichen werden – mit den schenkungssteuerlichen Vorteilen des § 5 ErbStG[191].

Überhaupt hat sich bereits ein neues Feld anwaltlicher und notarieller Tätigkeit insoweit aufgetan, als auch Eheleute, die in „funktionierender Ehe" leben, ihre Eheverträge im Hinblick auf die Rechtsprechung zur richterlichen Inhaltskontrolle überprüfen lassen, um sie erforderlichenfalls zu ergänzen oder abzuändern.

### h) Modifizierte Zugewinngemeinschaft

Was für die Gütertrennung gilt, gilt im Grundsatz auch für die **(modifizierte) Zugewinngemeinschaft.** Dies gilt insbesondere für die in der Praxis am häufigsten vorkommende Variante der modifizierten Zugewinngemeinschaft, nämlich diejenige, dass ein Zugewinnausgleich **nur** dann stattfindet, wenn die **Ehe durch Tod endet,** nicht in anderer Weise. Diese Klausel hat im Fall der Scheidung die gleiche Wirkung wie eine Gütertrennung. Aus der anwaltlichen Praxis ist allerdings zu berichten, dass diese Art von Modifikation von den Vertragparteien – meist der potentiell benachteiligten Vertragspartei – nicht immer in ihrer vollen Tragweite erkannt wird und Probleme in subjektiver Hinsicht mit sich bringen kann. Zur Vermeidung von Transparenzproblemen[192] sollte deshalb die einschlägige Klausel auch hinsichtlich der Auswirkungen deutlicher gefasst werden, als dies der gegenwärtigen Vertragspraxis entspricht.

> **Formulierungsvorschlag:**
> „Für den Fall der Beendigung des Güterstandes durch den Tod eines Ehegatten soll es beim Zugewinnausgleich verbleiben. Wird unsere Ehe jedoch durch eine gerichtliche Entscheidung aufgelöst, also insbesondere durch Ehescheidung, schließen wir hiermit die Durchführung des Zugewinnausgleichs vollständig aus. Dieser Ausschluss erfasst auch den vorzeitigen Zugewinnausgleich. Dies bedeutet, dass im Falle einer Ehescheidung keiner von uns vom anderen einen Ausgleich dafür fordern kann, dass der jeweilige Vermögenszuwachs während der Ehe ungleich war. Im Wesentlichen ist es dabei so, als würden wir Gütertrennung vereinbaren."

Wenn auch die **partielle Zugewinngemeinschaft** geeignet ist, die Nachteile einer Gütertrennung in vielen Fällen auszugleichen, kann sie dennoch zu einer gleich einschneidenden Benachteiligung führen, wenn sie den anderen Ehegatten im Ergebnis vom Zugewinn ausschließt oder gar dazu führt, dass derjenige Ehegatte, der ohne die Herausnahme von

---

[191] Zu der sich anschließenden „Güterstandsschaukel" siehe BFH 2006, 1670; *Bergschneider,* Verträge in Familiensachen Rn. 605; Schröder/Bergschneider/*Engels,* Familienvermögensrecht, Rn. 9.349, 9.604
[192] Siehe unten VII.10.

Vermögensgegenständen den höheren Zugewinn hätte, ausgleichsberechtigt wird[193]. Da es sich hier meist um rechtlich komplizierte Gestaltungen handelt, lassen sich komplizierte Formulierungen in aller Regel nicht vermeiden. Das Transparenzgebot und die – ausführlich dokumentierte – Belehrungspflicht sollte deshalb ganz besonders beachtet werden.

### i) Gütergemeinschaft

Selbst bei der Gütergemeinschaft kann in den Fällen der **Alleinverwaltung** des Gesamtgutes durch einen Ehegatten (§§ 1422 ff. BGB), die einer Entmündigung des anderen Ehegatte nahe kommt, eine Überprüfung nach den Grundsätzen der richterlichen Inhaltskontrolle von Eheverträgen in Betracht kommen[194].

### j) Vermögensregelungen außerhalb des Güterrechts

Wenn es um Vereinbarungen zum Güterrecht und damit um die Beurteilung von Benachteiligungen im Güterrecht geht, sollte auch an die sonstige Rechtsprechung des BGH gedacht werden, die der Vermögensteilhabe einen hohen Stellenwert einräumt. Letztlich stellt auch die Rechtsprechung zur **Ehegatteninnengesellschaft** und zur **unbenannten Zuwendung** bei Gütertrennung eine richterliche Inhaltskontrolle dar. Und schließlich ist noch keineswegs klar, welche praktische Auswirkung der **Teilhabegedanke** haben wird. In den bisherigen Entscheidungen scheint sich der BGH gegen den Teilhabegedanken im Güterrecht gewendet zu haben[195]. Ganz klar ist die Position des BGH in diesem Punkt jedoch noch nicht. Zudem sollte eine Passage im Beschluss des BGH vom 6. Oktober 2004[196] bedacht werden, wo auf die Verwandtschaft des Versorgungsausgleichs mit dem Zugewinnausgleich und die „**gleichberechtigte Teilhabe**" beider Ehegatten am beiderseits erworbenen Versorgungsvermögen" hingewiesen wird. Dieser Hinweis auf die Verwandtschaft von Zugewinnausgleich und Versorgungsausgleich und die hochrangige Bewertung des Versorgungsausgleichs lässt es als nicht sicher erscheinen, dass die äußerst liberale Rechtsprechung zur richterlichen Inhaltskontrolle von güterrechtlichen Regelungen uneingeschränkt aufrechterhalten bleibt. Die teilweise recht weitgehende Rechtsprechung mittels der Rechtsinstitute der Ehegatteninnengesellschaft und der ehebezogenen Zuwendung Korrekturen vorzunehmen, lassen sich mit der Behandlung der güterrechtlicher Vereinbarungen in der Rechtsprechung zur richterlichen Inhaltskontrolle nicht ganz in Einklang bringen.

---

[193] Vgl. *Bergschneider*, Verträge in Familiensachen Rz. 691 ff.
[194] Vgl. *Bergschneider*, aaO. Rz. 740, 755.
[195] Vgl. z.B. BGH FamRZ 2005, 1444, 1448 – „Schwangere 1" –.
[196] FamRZ 2005, 26 – Versorgungsausgleich 1" –.

Zusätzlich zur bisherigen Rechtsprechung von Vermögensregelungen außerhalb des Güterrechts kommt hinzu, dass auch die entsprechenden Verträge nach den Grundsätzen der Bestandskontrolle (§ 138 I BGB) und der Ausübungskontrolle (§ 242 BGB) überprüft werden können, sei es für sie allein, sei es als Folge einer Gesamtnichtigkeit des Ehevertrages.

### k) Resümee

Die **Dispositionsfreiheit** im ehelichen Güterrecht reicht **sehr weit**, ist aber **nicht grenzenlos**. Wo die Grenzen zu ziehen sind, lässt sich derzeit noch nicht sagen. Zu bedenken ist stets, ob das von den Parteien angestrebte wirtschaftliche Ziel nicht durch **schonendere Maßnahmen** erreicht werden kann, als es den Parteien zunächst vorschwebt oder vom Steuerberater empfohlen ist.

Zunächst bleibt es dabei: Nach der gegenwärtigen Rechtsprechung wird man wohl sagen können, dass ein Ehevertrag, in dem lediglich Gütertrennung vereinbart ist, jedoch auf keine weiteren Rechte verzichtet wird und nicht ganz besonders massive Verstöße im subjektiven Bereich vorliegen, nicht zu beanstanden ist.

Aus der Erfahrung eines Rechtsanwalts sei ergänzend darauf hingewiesen, dass die Gütertrennung in vielen Ehen wie ein **Sprengsatz** wirkt und deshalb im Interesse der Eheerhaltung tunlichst vermieden werden sollte, zumal es vielfältige Möglichkeiten gibt, das legitime Ziel durch eine Modifikation der Zugewinngemeinschaft zu erreichen.

## 6. Versorgungsausgleich

### a) Hochrangigkeit des Versorgungsausgleichs

Die vom BGH vorgenommene **dogmatische Positionierung** des Versorgungsausgleichs innerhalb seiner Kernbereichslehre ist nicht ganz einheitlich. So äußert sich der BGH einmal ganz allgemein dahingehend, dass die Absicherung des laufenden Unterhaltsbedarfs für den Berechtigten in der Regel wichtiger sei als etwa der spätere Versorgungsausgleich[197]. Und dann immer wieder: Einerseits sei der Versorgungsausgleich – als gleichberechtigte Teilhabe beider Ehegatten am beiderseits erworbenen Versorgungsvermögen – dem Zugewinnausgleich verwandt und wie dieser ehevertraglicher Disposition grundsätzlich zugänglich (§§ 1408 II, 1587o BGB), andererseits sei er jedoch als vorweggenommener Altersunterhalt zu verstehen und stehe einer vertraglichen Abbedingung nicht schrankenlos offen. Trotz dieser dogmatischen Ambiva-

---

[197] Vgl. BGH FamRZ 2005, 1444, 1446 – „Schwangere 1" –.

lenz ist für den Praktiker aber nachdrücklich in Erinnerung zu rufen, welch **hohen Rang** der Versorgungsausgleich innerhalb des Kernbereichs einnimmt, nämlich gemeinsam mit dem Alters- und Krankenunterhalt den **zweiten Rang,** gleich nach dem Kindesunterhalt. Diese Hochrangigkeit des Versorgungsausgleichs hat die Fachwelt allgemein überrascht. Die beiden Beschlüsse des BGH vom 6. Oktober 2004 haben aber gezeigt, wie ernst diese hochrangige Positionierung zu nehmen ist und welche Konsequenzen sich daraus ergeben[198]. Die hohe Bedeutung des Versorgungsausgleichs zeigt auch die ziemlich einheitliche Rechtsprechung der Oberlandesgerichte, wobei zum Teil sogar **Sittenwidrigkeit** angenommen wird[199].

Diese strengen Voraussetzungen werden in erster Linie für einen **vollständigen Verzicht** auf Versorgungsausgleich gelten. Der BGH[200] hat zwar auch die Beanstandungsmöglichkeit für einen **Teilverzicht** angesprochen, doch werden hierfür, sei es in Form einer betragsmäßigen Beschränkung, sei es ein Verzicht auf so genannte **Randversorgungen** (Betriebsrenten, Zusatzversorgung usw.), die Anforderungen geringer sein. Gleiches gilt für ausländische Versorgungsanrechte.

**b) Nähe zur Genehmigungsbedürftigkeit**

Die in diesen Entscheidungen aufgestellten **strengen Voraussetzungen** rücken die richterliche Inhaltskontrolle eines in einem Ehevertrag vereinbarten Verzichts auf Versorgungsausgleich (§ 1408 II BGB) in die Nähe der **Genehmigungsbedürftigkeit** einer Scheidungsvereinbarung (§ 1587o II 2 BGB). Da für das Verfahren über den Versorgungsausgleich das **Amtsermittlungsprinzip** des FGG gilt (§§ 621a I, 621 I Nr. 6 ZPO, § 12 FGG), ist bereits festzustellen, dass einzelne Familienrichter bei einem **ehevertraglichen Verzicht** auf Versorgungsausgleich das Thema Inhaltskontrolle zumindest ansprechen, und zwar auch ohne ausdrückliche Einwendung des benachteiligten Ehegatten. Auf der anderen Seite kann auch bei einer **Scheidungsvereinbarung** eine richterliche Inhaltskontrolle erfolgen und zur Ablehnung der Genehmigung nach § 1587o II 3 BGB führen. Beispiel: Der Ehemann wäre aus der Ehewohnung nicht ausgezogen, wenn die Ehefrau nicht den Verzicht auf Versorgungsausgleich erklärt hätte. Ob – wie das OLG Koblenz[201] meint – in der Regel davon auszugehen ist, dass ein Ehegatte durch den Ausschluss des Versorgungsausgleichs dann nicht übervorteilt wird, wenn dieser Ehegatte anwaltlich vertreten ist, ist eher fraglich. Welche Unterschiede

---

[198] Vgl. BGH FamRZ 2005, 26 – „Versorgungsausgleich 1" – und 2005, 185 – „Versorgungsausgleich 2" –.
[199] Vgl. z. B. OLG Nürnberg FamRZ 2005, 454.
[200] Vgl. BGH FamRZ 2005, 26, 27 – „Versorgungsausgleich 1" –.
[201] FamRZ 2004, 205.

schließlich zwischen den **Genehmigungsvoraussetzungen** einer Scheidungsvereinbarung und der Inhaltskontrolle eines Ehevertrages zu machen sind, wird die weitere Rechtsprechung zeigen.

Da nach der Rechtsprechung des BGH[202] die erforderliche Gesamtwürdigung die Feststellung über Art und Umfang der von den Ehegatten in der Ehe erworbenen Versorgungsanrechte erforderlich macht, ist im Scheidungsverfahren regelmäßig die Ermittlung der beiderseitigen ehezeitlichen Versorgungsanrechte und damit die Einreichung der **Fragebogen zum Versorgungsausgleich** bei Gericht erforderlich. Wichtig ist auch die Ermittlung der sonstigen Daten der sozialen Biografie der beiden Ehegatten. Dies gilt nicht nur – wie vorhin bereits erwähnt – für die mutmaßliche nacheheliche Entwicklung der Altersversorgung, sondern auch für den voraussichtlichen Zeitpunkt der Inanspruchnahme der Versorgung wegen Alters oder verminderter Erwerbsfähigkeit, der Höhe der vorehelichen Anrechte usw.

Von besonderer Bedeutung ist auch das Alter der Vertragschließenden. Haben sie beide bereits ein **vorgerücktes Alter** erreicht, liegt also bereits ein großer Teil des Erwerbslebens hinter ihnen, ist für sie ein Verzicht auf Versorgungsausgleich nicht mehr von so großer Bedeutung wie für jüngere Ehegatten[203]. In diesem Zusammenhang sind auch die sog. **phasenverschobenen Ehen** zu betrachten. Bezieht z. B. der Ehemann bereits Altersrente oder steht er kurz davor, ist die erwerbstätige Ehefrau dagegen erst 45 Jahre alt, dann erwirbt allein sie Versorgungsanrechte. Ohne Verzicht auf Versorgungsausgleich würden ihre ehezeitlichen Versorgungsanrechte halbiert, während der Ehemann nichts dazu beizutragen hätte. Bei einer solch klar einseitigen Versorgungsgestaltung ist ein Verzicht auf Versorgungsausgleich sogar geboten.

Für einen Verzicht auf Versorgungsausgleich gilt deshalb das Gleiche wie für einen Verzicht auf einen hochrangigen Unterhalt. Diesen Gesichtspunkt hat der BGH in seinen beiden erwähnten Entscheidungen vom 6. Oktober 2004 ganz besonders hervorgehoben. Statt des Versorgungsausgleichs können sich die Eheleute selbstverständlich auch für andere Formen der Altersvorsorge entscheiden (z. B. Lebensversicherung, Fondssparen, Vermögensbildung). Voraussetzung für die Kontrollfestigkeit ist aber, dass die versprochenen Leistungen tatsächlich erbracht werden bzw. worden sind[204]. Bei der **subjektiven Seite** sollte allerdings bedacht werden, dass die Bedeutung des Versorgungsausgleichs in der Bevölkerung – insbesondere bei jungen Leuten – oft nicht voll bewusst ist, was eine besonders eingehende Belehrung durch den Rechtsanwalt und den Notar erfordert.

---

[202] Vgl. BGH FamRZ 2002, 26, 27 – „Versorgungsausgleich 1" –.
[203] Siehe dazu BGH FamRZ 2005, 691 – „Weitgehender Verzicht" –.
[204] Vgl. BGH FamRZ 2005, 1444, 1449 – „Schwangere 1" –.

## c) Betreuung von gemeinsamen Kindern

Mit einer Beanstandung des ehevertraglichen Verzichts auf Versorgungsausgleich ist regelmäßig dann zu rechnen, wenn ein Ehegatte sich während der Ehezeit einvernehmlich der **Betreuung der gemeinsamen Kinder** widmet, deshalb auf eine versorgungsbegründende Erwerbstätigkeit verzichtet und für den Verzicht keine Kompensation erhält. Dies bedeutet aber nicht, dass ein Verzicht auf Versorgungsausgleich regelmäßig im Wege der **Bestandskontrolle** (§ 138 I BGB) zu beanstanden ist. Abgesehen davon, dass der BGH mit dieser Sanktion sehr zurückhaltend umgeht, kommt es wieder einmal auf die Gesamtumstände an. Sind keine Kinder geplant, dann wird der Verzicht auf Versorgungsausgleich regelmäßig nur im Wege der **Ausübungskontrolle** (§ 242 BGB) zu überprüfen sein[205].

## d) Folgen der Ausübungskontrolle – Folgen der Bestandskontrolle

Ist der Verzicht auf Versorgungsausgleich im Wege der **Ausübungskontrolle** (§ 242 BGB) zu beanstanden, dann ist nach der Rechtsprechung des BGH[206] der auf Versorgungsausgleich verzichtende Ehegatte – meist also die kindesbetreuende Ehefrau – zwar nicht so zu stellen, wie wenn der Versorgungsausgleich nach den gesetzlichen Vorschriften durchgeführt worden wäre, sondern es sind nur die durch Aufgabe der Erwerbstätigkeit eingetretenen **ehebedingten Versorgungsnachteile** auszugleichen. Die Verfahrensweise des Berufungsgerichts, mit Hilfe eines Sachverständigen zu ermitteln, welche Versorgungsanrechte die Ehefrau hätte, wenn sie ihre Erwerbstätigkeit nicht aufgegeben, sondern weitergearbeitet hätte, billigte der BGH, meinte aber, eine diesbezügliche (ungefähre) Berechnung könne das Gericht selbst durchführen und stellt verschiedene Berechnungsmethoden vor. Ausdrücklich wird auch die Möglichkeit einer Schätzung nach § 287 ZPO vorgestellt.

Kommt es dagegen zu einer Beanstandung wegen **Sittenwidrigkeit** (§ 138 I BGB), ist der Versorgungsausgleich nach den gesetzlichen Vorschriften der §§ 1587ff. BGB durchzuführen; die beiderseitigen Versorgungsanrechte sind also zu **nivellieren**.

---

[205] So im Fall BGH FamRZ 2005, 185 – „Versorgungsausgleich 2" –.
[206] Vgl. BGH FamRZ 2005, 185 – „Versorgungsausgleich 2" –. Das AG Lüdenscheid FamRZ 2007, 481, das den Versorgungsausgleich nach den gesetzlichen Vorschriften durchgeführt hat, widerspricht der Judikatur des BGH im Ergebnis deshalb nicht, weil die Ehefrau bei Fortführung ihrer Erwerbstätigkeit höhere Anwartschaften erworben hätte, als aufgrund des Versorgungsausgleichs zu übertragen waren.

## 7. Totalverzicht, Globalverzicht

### a) Kein unverzichtbarer Mindestgehalt

Der BGH stellt ausdrücklich fest, dass das geltende Recht einen unverzichtbaren Mindestgehalt an Scheidungsfolgen zugunsten des berechtigten Ehegatten nicht kenne[207]. Das bedeutet zunächst einmal, dass ein Totalverzicht **nicht generell verboten** ist. Deshalb kann man aus einem Globalverzicht nicht auf eine erheblich ungleiche Verhandlungsposition schließen und den benachteiligten Ehegatten von der Darlegungs- und Beweislast entbinden. Für die Vertragsgestaltung ist es in Wahrung des Vorsichtsprinzips jedoch – von besonderen tatsächlichen Verhältnissen abgesehen – tunlich, angemessene Rechte bestehen zu lassen oder Gegenleistungen zu vereinbaren. Ein gutes Beispiel für einen angemessenen Vertrag liefert übrigens der BGH in seinem Urteil vom 12. Januar 2005[208].

### b) Subjektive Seite

Wenn ein Ehevertrag trotz eines Globalverzichts nicht beanstandet wird, ist dies meist auf die **subjektive Seite** zurückzuführen. So hat das OLG Stuttgart[209] – wenn auch etwas weitgehend – einen Ehevertrag trotz Globalverzichts (einschließlich des Verzichts auf Betreuungsunterhalt i. S. des § 1570 BGB) nicht beanstandet, weder im Wege der Bestandskontrolle nach § 138 I BGB noch der Ausübungskontrolle nach § 242 BGB. Und das, obwohl zum Zeitpunkt des Vertragsabschlusses ein gemeinsames Kind noch betreuungsbedürftig war. Zu diesem Ergebnis kam der Senat aus der Erwägung, dass die Ehefrau den Ehevertrag veranlasst habe und zwar zu einem Zeitpunkt, als die Parteien bereits verheiratet waren. Zudem sei bei Abschluss des Vertrages das gemeinsame Kind in einem Alter gewesen, in dem die Aufnahme einer zumindest teilschichtigen Berufstätigkeit in naher Zukunft möglich gewesen wäre. Und schließlich sei die Ehefrau bei Abschluss des Vertrages erst 38 Jahre alt gewesen, weshalb der Aufbau ihrer Altersversorgung und die Sicherung der eigenen Existenz durch Berufstätigkeit noch möglich gewesen wären.

Wenn die subjektiven Voraussetzungen vorliegen (insbesondere Schwangerschaft, Vermögenslosigkeit, religiöse Bindung der Ehefrau), wird ein Totalverzicht jedoch sehr häufig der Bestandskontrolle nicht standhalten und insgesamt nichtig sein[210]. Problematisch wird ein Totalverzicht vor allem dann sein, wenn er einen Verzicht auf Betreuungsun-

---

[207] BGH FamRZ 2004, 601, 604 – „Archäologin" –.
[208] BGH FamRZ 2005, 691 – „Weitgehender Verzicht" –.
[209] OLG Stuttgart FamRZ 2007, 291 mit Anm. *Bergschneider.*
[210] Vgl. OLG Nürnberg FamRZ 2005, 454; ebenso OLG Celle FamRZ 2004, 1489 mit Anm. *Bergschneider.*

terhalt i.S. von § 1570 BGB zum Gegenstand hat. Hier wird es nicht selten zur Sittenwidrigkeit und damit auch zur Unwirksamkeit des güterrechtlichen Teils kommen[211].

Totalverzicht ist aber nicht gleich Totalverzicht, auch wenn zwei oder drei Urkunden denselben Wortlaut haben. **Beispiel:** Heiratet eine 55 Jahre alte Oberstudienrätin einen gleichaltrigen Oberstudiendirektor und bleiben beide Vollzeit im Beruf und vereinbaren sie Gütertrennung sowie einen Verzicht auf nachehelichen Unterhalt und Versorgungsausgleich, dann wird dies möglicherweise einen Verzicht der Ehefrau auf Zugewinn, nachehelichen Unterhalt und Versorgungsausgleich bedeuten, aber nicht von solchem Gewicht sein (BVerfG: krasses Ungleichgewicht, unangemessene Benachteiligung), dass ein solcher Ehevertrag nach § 242 BGB oder gar § 138 BGB zu beanstanden wäre. **Weiteres Beispiel:** Schließen Ehegatten einen solchen Totalverzicht, gibt die Ehefrau einvernehmlich ihre Berufstätigkeit auf und widmet sich der Haushaltsführung, dann wird der Totalverzicht trotz einer kinderlosen Ehe zu beanstanden sein, wohl sogar im Wege der Bestandskontrolle (§ 138 I BGB). Lassen sie sich nach 20-jähriger Ehe scheiden, dann sind in einem solchen Fall wegen der Sittenwidrigkeit nicht nur die ehebedingten Nachteile auszugleichen, sondern der Versorgungsausgleich ist nach den gesetzlichen Vorschriften durchzuführen, das heißt, die Ehefrau erhält (da sie keine eigenen Versorgungsanrechte erworben hat) die Hälfte der vom Ehemann ehezeitlich erworbenen Versorgungsanrechte. Sowohl die **objektive** als auch die **subjektive Seite** sind eingehend zu überprüfen und eine Gesamtschau ist anzustellen. Dabei wird sehr häufig die Bedeutung des Totalverzichts objektiv von solch großem Gewicht sein, dass sie subjektiv nur schwer ausgeglichen werden kann. Dies gilt besonders dann, wenn der Verzicht auch einen Verzicht auf Betreuungsunterhalt gemäß § 1570 BGB enthält, es also in den Auswirkungen um das Wohl der Kinder geht. Dann wird in vielen Fällen Sittenwidrigkeit anzunehmen sein.

## 8. Verfügungen von Todes wegen

Familienrechtliche Totalverzichtsverträge sind oft mit einem **Erb- und/oder Pflichtteilsverzicht** verbunden (Ehe- und Erbvertrag). Das Problem, welche Konsequenzen die Beanstandung eines Totalverzichts für den erbrechtlichen Teil hat, steht erst am Anfang der Diskussion. In den vorhin behandelten Entscheidungen des BVerfG und des BGH ist dieses Thema nicht erwähnt.

---

[211] Vgl. BGH FamRZ 2006, 1097 – „Brasilianerin" –.

Die **Instanzrechtsprechung** hat sich dieses Themas aber bereits angenommen. So wurde es bereits vom OLG Koblenz[212] kursorisch erwähnt; das Gericht könnte dahingehend verstanden werden, dass derartige erbrechtliche Regelungen ähnlich wie die Vereinbarung der Gütertrennung zu behandeln sind. Grundlegend befasste sich jedoch das LG Ravensburg[213] mit diesem Problem. Es ging um einen Ehevertrag zwischen einer vermögenden, 53 Jahre alten Frau und einem vermögenslosen 36 Jahre alten Mann, der seinen Beruf im Hinblick auf die günstigen finanziellen Verhältnisse in der Ehe aufgegeben hatte und in dem Gütertrennung, ein Totalverzicht auf Unterhalt sowie der Verzicht auf das gesetzliche Erbrecht und das gesetzliche Pflichtteilsrecht vereinbart wurden. Der Ehevertrag wurde kurz nach der Heirat protokolliert, die Ehefrau hatte aus einer früheren Ehe zwei Kinder. Nach dem Tode der Frau erklärte das Gericht den Ehevertrag für sittenwidrig und sprach dem Mann das gesetzliche Erbrecht zu.

In diesem Zusammenhang sind auch höchstrichterliche Entscheidungen zu sehen, die zu einer **Relativierung der Testierfreiheit** zur Folge haben. So muss nach der Entscheidung des BVerfG im sog. Hohenzollern-Fall[214] in einer bestimmten Kollisionssituation die Testierfreiheit vor der Eheschließungsfreiheit zurücktreten. Ferner hat der EuGH in Sachen Pla und Puncerau gegen Andorra[215] die Testierfreiheit nicht gegenüber der Benachteiligung eines adoptierten Kindes geschützt.

Geht man von der **Kernbereichslehre** des BGH aus, dann wird man die erbrechtliche Regelung jedenfalls nicht höherwertig als das Güterrecht zu positionieren haben. Trotz der Relativierungstendenzen wird man aber der Testierfreiheit einen größeren Rechtsschutz als dem Güterrecht zubilligen müssen. Letztlich ist dies eine ideologisch-politische Frage – wie so vieles im Familienrecht; die Institutsgarantie des Art. 14 I GG wird dagegen keinen vollständigen Schutz bieten.

Man wird deshalb davon ausgehen müssen, dass die Testierfreiheit im Rahmen der richterlichen Inhaltskontrolle **nicht unantastbar** ist. Die Praxis sollte jedenfalls bedenken, dass es nicht völlig ausgeschlossen ist, dass in besonders gravierenden Fällen (subjektive Seite!) ein im Rahmen eines Ehe- und Erbvertrages erklärter Totalverzicht mit Erb- und Pflichtteilsverzicht insgesamt als sittenwidrig erklärt wird – mitsamt dem erbrechtlichen Teil[216]. Kommt insgesamt Nichtigkeit in Betracht, dann tritt

---

[212] OLG Koblenz FamRZ 2004, 805, 806 mit Anm. *Bergschneider*.
[213] LG Ravensburg FamRZ 2008, 1289 mit Anm. *Bergschneider*.
[214] BVerfG FamRZ 2004, 765.
[215] EuGH FamRZ 2004, 1467 = NJW 2005, 875.
[216] Vgl. dazu *Wachter*, Neue Grenzen der Ehevertragsfreiheit ZFE 2004, 132, 142f.; *ders.*, Inhaltskontrolle von Pflichtteilsverzichtsverträgen? ZErb 2004, 238; *Kapfer*, Gerichtliche Inhaltskontrolle von Erb- und Pflichtteilsverträgen, Mitt-

die gesetzliche Erbfolge ein. Welche Folgen die Annahme einer unzulässigen Rechtsausübung – mit der flexiblen Anpassung – für einen Erb- und Pflichtteilsverzicht haben kann, lässt sich kaum vorhersagen.

## 9. Wahl des Güterrechtsstatuts

### a) Besondere Problematik

Besondere praktische **Schwierigkeiten** können bei der Wahl des Güterrechtsstatuts entstehen (Art. 15 II EGBGB). Der bei der richterlichen Inhaltskontrolle vorzunehmende Vergleich zwischen der Situation ohne Abschluss eines Ehevertrages einerseits und der Situation mit einem solchen Vertrag andererseits erfordert einen Vergleich zwischen dem **ausländischen Güterstand** und dem gewählten oder/und modifizierten deutschen Güterstand. Aus diesem Vergleich hat sich zu ergeben, ob eine Benachteiligung eintritt[217]. Hier sollten kompetente Kenner des ausländischen Rechts eingeschaltet werden. Grundsätzlich ist aber das Recht anzuerkennen, die nach dem Recht des Heimatstaats oder des Aufenthalts zulässige Rechtswahl zu treffen. Demzufolge können nur ganz besonders grobe Missbrauchsfälle im Wege der richterlichen Inhaltskontrolle von Eheverträgen beanstandet werden.

### b) Besonderheiten ausländischer Rechtsordnungen

Zu beachten ist in diesem Zusammenhang[218], dass einige ausländische Rechtsordnungen für Eheverträge eine Genehmigung, eine Bestätigung oder Registrierung verlangen[219]. Solche materiell- oder verfahrensrechtlichen Wirksamkeitserfordernisse werden vom deutschen IPR angenommen, wenn über die Güterrechtswahl des Art. 15 II EGBGB entsprechendes ausländisches Güterrecht gewählt wurde. Bei internationaler Zuständigkeit deutscher Gerichte haben sie die nach ausländischem Recht erforderlichen Genehmigungsverfahren usw. durchzuführen[220]. Der Versuch, dazu eine Abgleichung mit der deutschen Rechtsprechung zur richterlichen Inhaltskontrolle durchzuführen, würde den Rahmen dieses Buches weit überschreiten.

---

BayNot 2006, 385; *Bengel,* Die gerichtliche Kontrolle von Pflichtteilsverzichten, ZEV 2006, 192; *Wiemer,* Inhaltskontrolle von Eheverträgen, S. 163 ff.
[217] Vgl. OLG Düsseldorf FamRZ 2003, 1287.
[218] Die nachfolgenden Hinweise verdanke ich *Walter Krug.*
[219] Siehe dazu die zusammenfassende Darstellung von *Finger,* Gerichtliche Kontrolle insbesondere güterrechtlicher Vereinbarungen bei Auslandsbezug, FF 2004, 245.
[220] Siehe Staudinger/*Mankowski* (2003) Art. 15 EGBGB Rn. 307.

## c) Ordre public

Ausländische Eheverträge und Scheidungsvereinbarungen können vor deutschen Gerichten über Art. 6 EGBGB („ordre public") überprüft und erforderlichenfalls angepasst werden[221].

## 10. Freistellung vom Kindesunterhalt

Eine **Freistellung** vom Kindesunterhalt[222] ist weiterhin **grundsätzlich zulässig**, in folgenden Fällen jedoch problematisch:

- Eine Freistellung ist gemäß § 138 BGB sittenwidrig, wenn sie der **Kommerzialisierung** dient (Beispiel: Der Ehemann wird vom Kindesunterhalt freigestellt, wenn er auf das Umgangsrecht verzichtet).
- Eine Freistellung ist zudem nur dann wirksam, wenn der Freistellende über die **finanziellen Mittel** verfügt, den Kindesunterhalt in der vom Freigestellten geschuldeten Höhe zu bezahlen. Diese Freistellung darf sich nicht mittelbar als Unterhaltsverzicht des Kindes auswirken und die Lage des Kindes dramatisch verschlechtern[223]. Dazu führt das BVerfG aus, dass zur Verantwortung der Eltern auch gehört, für einen ihrem eigenen Vermögen gemäßen und zugleich angemessenen Unterhalt des Kindes zu sorgen und seine Betreuung sicherzustellen[224].
- Eine Freistellung kann damit beispielsweise auch dann problematisch sein, wenn sie gegen eine **Pauschalzahlung** erfolgt und diese Mittel zum Erwerb eines Hauses verwendet werden, was zu einer starken Einengung der Lebenshaltung führt[225].

## 11. Weitere Vertragsgegenstände

Sowohl für sich allein gesehen als auch als Folge der Gesamtnichtigkeit eines Ehevertrages oder einer Scheidungsvereinbarung können auch weitere Vertragsgegenstände unter dem Gesichtspunkt der richterlichen Inhaltskontrolle bedeutsam werden. Beispielhaft seien folgende genannt:

### a) Hausrat

Gerade in Ehen mit Ausländern findet man nicht selten Regelungen, wonach auch der in der Ehe angeschaffte Haurat dem anderen Ehegatten

---

[221] Vgl. OLG Düsseldorf, FamRZ 2002, 1118 zum Fall einer schriftlichen Ketubbah-Vereinbarung nach jüdisch-religiösem Recht und deren Inhaltskotrolle im Rahmen einer Scheidungsfolgensache nach deutschem Prozessrecht.
[222] Siehe dazu *Gerhard/v. Heintschel-Heinegg/Klein,* Handbuch des Fachanwalts Familienrecht, 6. Kap., Rn. 188.
[223] So *Schwab,* FamRZ 2001, 349f.
[224] Vgl. BVerfG FamRZ 2001, 343, 347f.
[225] Vgl. OLG Celle FamRZ 2004, 1202.

zustehen und er auch keinen irgendwie gearteten Ausgleichsanspruch haben soll, eventuell noch verbunden mit einem weiteren hochrangigen Verzicht. Eine solche Regelung kann – insbesondere wenn besonders gravierende Beanstandungen auf der subjektiven Seite hinzukommen – selbst dann **sittenwidrig** sein, wenn es nicht um Betreuungsunterhalt geht.

### b) Ehewohnung

Die einem Ehegatten auferlegten Verpflichtungen, nach der Trennungserklärung des einen Ehegatten die Ehewohnung **kurzfristig verlassen** zu müssen (aus der Praxis des Unterzeichners: innerhalb von 24 Stunden; „matrimoniales Standrecht"), dürften regelmäßig einer Beanstandung nach den Grundsätzen der richterlichen Inhaltskontrolle anheim fallen und dann oft sittenwidrig sein.

### c) Namensrecht

Vereinbarungen über das Namensrecht werden als **grundsätzlich zulässig** erachtet[226]. Selbst eine vergleichsweise **lange Ehedauer** und das Interesse des verpflichteten Ehegatten an der Namenseinheit mit den aus der Ehe hervorgegangenen **Kindern** lässt das Verlangen des anderen Ehegatten nach Einhaltung der Abrede nicht ohne weiteres als rechtsmissbräuchlich erscheinen[227]. Aber auch für sie gelten die Grundsätze der richterlichen Inhaltskontrolle von Eheverträgen und Scheidungsvereinbarungen, zumal mit dem Namensrecht das Allgemeine Persönlichkeitsrecht des Art. 2 I GG tangiert ist.

### d) Aufenthaltsverbot

Eine in einem Ehevertrag oder einer Scheidungsvereinbarung festgelegte Beschränkung der **Freizügigkeit** des einen Ehegatten (Wohnsitzverbot) ist nach § 138 I BGB in Verbindung mit Art. 11 I GG in aller Regel nichtig[228]. Eine Ausnahme davon ist aber dann zu machen, wenn ein triftiger Grund vorliegt. Dies gilt insbesondere, wenn Vorfälle gegeben waren, die Maßnahmen nach dem Gewaltschutzgesetz rechtfertigen würden oder bei einem kriminellen oder – früher sagte man – ehrlosen Lebenswandel (z.B. Prostitution).

---

[226] So auch *Everts,* Vereinbarungen zur nachehelichen Namensführung, FamRZ 2005, 249; siehe auch *Bergschneider,* Verträge in Familiensachen Rn. 215 ff.
[227] So BGH FamRZ 2008, 859.
[228] BGH FamRZ 1992, 448.

## 12. Präambel, Vorspann

Im Hinblick auf die Rechtsprechung des BGH zur Ausübungskontrolle wird für viele Verträge zu prüfen sein, die Überlegungen und Planungen der Ehegatten und die Gründe für die konkrete Gestaltung ausdrücklich in die Urkunde aufzunehmen. Ein Beispiel hat der BGH selbst geliefert, wie es oben zum Zugewinnausgleich referiert wurde[229]. In geeigneten Fällen wird der Hinweis auf den **konkreten Ehetyp** sinnvoll sein, wie er insbesondere von *Langenfeld* und *Münch* behandelt wird[230]. Ob dies in Form einer **Präambel,** eines sonstigen **Vorspanns** oder im **direkten räumlichen Zusammenhang** mit den einzelnen Bestimmungen geschieht, wird eine zweitrangige Frage sein[231]. Dieser Teil der Urkunde wird eine besonders ernsthafte Befolgung der Klärungspflicht nach § 17 I 1 BeurkG voraussetzen. Solche Präambeln usw. sind für die Abwicklung des Vertrages allerdings **nicht ungefährlich,** wenn man bedenkt, mit welcher Euphorie Ehegatten insbesondere vor der Eheschließung in die Zukunft sehen und wie sich die dann gewesene Zukunft Jahre später im Scheidungsfall darstellt. Die Euphorie zum Maßstab der Ausübungskontrolle zu machen, wird oft nicht zu angemessenen Ergebnissen führen. In leichter Übertreibung wird man sagen können, dass zu ausführliche Präambeln die Begründung für eine Änderung der Geschäftsgrundlage bereits in sich bergen (Gefahr des „über-engineering").

---

[229] Siehe BGH FamRZ 2004, 601, 608 – „Archäologin" –.

[230] Siehe dazu *Langenfeld,* Handbuch der Eheverträge und Scheidungsvereinbarungen, 8. Kap.; siehe auch *Münch,* Ehebezogene Rechtsgeschäfte, Rn. 3057 ff.

[231] Zu Musterformulierungen siehe *Kornexl,* Ehevertragsgestaltung als Störfallvorsorge, FamRZ 2004, 1609.

## VII. Formelle Vorkehrungen gegen die Unwirksamkeit von Eheverträgen und Scheidungsvereinbarungen und Berücksichtigung der persönlichen Umstände (Vertragsgestaltung und Vertragsabwicklung)

Am Anfang jeder rechtlichen Befassung mit einem Vertrag steht die Vertragsauslegung. Erst dann kommt die Beurteilung nach den Grundsätzen der richterlichen Inhaltskontrolle. Die Berechtigung des banal erscheinenden Hinweises, dass mit der im Vertrag getroffenen Abrede ein bestimmter wirtschaftlicher Zweck ins Auge gefasst und verfolgt wird, der mit der gewählten Formulierung zum Ausdruck zu bringen ist, wird in der Praxis sowohl bei der Vertragsgestaltung als auch der Vertragsabwicklung immer wieder vor Augen geführt. Wird dieser Hinweis – etwa wegen des widerspruchsvollen oder widersinnigen Vertragsinhalts, manchmal verursacht durch unsachgemäße Verwendung von EDV-Bausteinen oder sonstigen Nachlässigkeiten – nicht beachtet, ist der Vertrag einer Auslegung nicht zugänglich und damit – mindestens insoweit – unwirksam[232].

Nachfolgend geht es jedoch um die Umstände des Zustandekommens des Vertrages[233] und um die dabei obwaltenden persönlichen Umstände der Vertragsparteien, also um einen wesentlichen Teil des **subjektiven Aspekts**.

Bei der im Rahmen der richterlichen Inhaltskontrolle stets vorzunehmenden **Gesamtwürdigung** ist – sowohl bei der Vertragsgestaltung als auch der Vertragsabwicklung – insbesondere zu berücksichtigen:[234]

### 1. Belehrung

Wenn auch die richterliche Inhaltskontrolle nach einem ausdrücklichen Hinweis des BGH nicht dadurch obsolet wird, dass der belastete Ehegatte durch einen **Notar** hinreichend über den Inhalt und die Konsequenzen des Vertrags belehrt wurde, sollte der **Belehrung** ein ganz besonderer Augenmerk zugewendet werden. Das bedeutet, dass sie nicht nur ausführlicher, sondern auch für den Laien verständlicher sein sollte, als es manchmal der bisherigen Praxis entspricht. Auch der **Vorbespre-**

---

[232] Vgl. BGHZ 20, 109, 110; sieh auch den Hinweis des BGH FamRZ 2007, 974, 976 – „Einkommenssteigerung" –.
[233] So die Formulierung des BGH FamRZ 2008, 386, 388.
[234] Vgl. auch den Bericht des Arbeitskreises 15 des Deutschen Familiengerichtstages 2003 in Brühler Schriften zum Familienrecht, Band 13, S. 95.

chung sollte breiter Raum eingeräumt werden[235]. Auch wenn man den Darstellungen der Parteien über den Ablauf der Beurkundung eines Ehevertrages oder einer Scheidungsvereinbarung nicht immer vollen Glauben schenken darf, liegt hier noch manches im Argen.

## 2. Verhandlungsdauer

Von besonderer Bedeutung ist die Verhandlungsdauer, wie lange also die Parteien über den Vertrag verhandelt haben. So hat das OLG Düsseldorf[236] für die Unangreifbarkeit eines Teilunterhaltsverzichts besonders hervorgehoben, dass die Parteien sieben Monate lang über den Vertrag verhandelt haben. Auch für das OLG Hamm[237] war es ein wichtiger Grund, Bedenken gegen die Wirksamkeit deshalb nicht aufkommen zu lassen, weil vom ersten Entwurf bis zum Abschluss des Ehevertrages rund sechs Monate vergangen waren. Das gilt jedoch nicht nur für die Zeitdauer vor der eigentlichen Beurkundung, sondern auch für die Ausführlichkeit des Beurkundungstermins.

## 3. Vertragsentwurf

In vielen Prozessen wird behauptet, man habe keine Gelegenheit gehabt, sich mit dem Ehevertrag oder der Scheidungsvereinbarung in ausreichendem Maße zu befassen, vielfach wird auch Überrumpelung behauptet. Vor allem in der anwaltlichen Praxis kommt es sehr häufig vor, dass die Scheidungsvereinbarung unmittelbar vor dem Scheidungstermin formuliert oder noch geändert wird. Von Ausnahmen abgesehen, die eine noch eingehendere Belehrung als sonst erforderlich notwendig machen, sollte den Vertragsparteien ausreichende Zeit vor der Beurkundung ein **Vertragsentwurf** zugesandt und die Zusendung dokumentiert werden. Wenn Eheverträge und Scheidungsvereinbarungen auch keine Verbraucherverträge sind, sollte der Maßstab des § 17 II a Nr. 2 BeurkG mit seiner Frist von zwei Wochen zum Vorbild genommen werden.

## 4. Anwaltliche Beratung

Die Parteien sollten – zumindest in schwierigen Fällen – auf die Notwendigkeit einer je **unabhängigen anwaltlichen** Beratung hingewiesen werden[238]. Die stattgefundene anwaltliche Beratung war ein

---

[235] Vgl. *Wachter,* Überlegungen zur künftigen Gestaltung von Eheverträgen, ZNotP 2004, 404, 414f.
[236] OLG Düsseldorf FamRZ 2005, 216.
[237] OLG Hamm FamRZ 2007, 732 mit Anm. *Bergschneider.*
[238] Zur Bedeutung der anwaltlichen Beratung siehe auch OLG Koblenz FamRZ 2004, 205.

weiteres Argument für den Bestand des Teilverzichts im soeben erwähnten Urteil des OLG Düsseldorf[239]. Demgegenüber wurde im soeben erwähnten Urteil des OLG Hamm[240] der Ehefrau, die sich auf die Unwirksamkeit des Ehevertrages berief, angekreidet, sie habe trotz des Rats des Notars aus Ersparnisgründen die Konsultation eines Rechtsanwalts unterlassen.

## 5. Drucksituation

Die vorstehenden formellen Beurkundungsvoraussetzungen sind deshalb bei Verträgen, die **unmittelbar vor der Heirat** oder unter dem Druck einer Scheidung abgeschlossen werden („Last-minute-Verträge"), ganz besonders zu beachten[241], unabhängig davon, ob die Frau schwanger ist. Behauptungen derart, ein Ehegatte sei „zum Notar geschleppt" worden, ob den Tatsachen entsprechend oder nicht, gehören fast zum prozessualen Alltag[242]

## 6. Schwangerschaft

Bei einem Großteil der – erfolgreichen oder erfolglosen – Beanstandungen von Eheverträgen geht es um eine Schwangerschaft zum Zeitpunkt des Vertragsabschlusses, wobei hin und wieder der Eindruck einer besonderen Hinfälligkeit solcher Verträge erweckt wird. Dazu trägt die etwas ambivalente Rechtsprechung des BGH[243] bei: Einerseits heißt es, eine Schwangerschaft der Frau vermöge bei Abschluss des Ehevertrages **für sich allein** zwar noch keine Sittenwidrigkeit zu begründen. Auch der in einer solchen Situation geschlossene Ehevertrag sei einer **Modifizierung** zugänglich. Andererseits heißt es aber auch, diese Situation indiziere eine **ungleiche Verhandlungsposition** und damit eine Disparität beim Vertragsschluss. Ein solcher Vertrag sei deshalb einer **„verstärkten richterlichen Inhaltskontrolle"** zu unterziehen.

Mit dieser Feststellung nimmt der BGH wesentliche Ausführungen des BVerfG[244] auf, wonach es der Anspruch auf Schutz und Fürsorge der werdenden Mutter aus Art. 6 IV GG gebietet, die eheverträgliche Vereinbarung „einer besonderen richterlichen Inhaltskontrolle zu unterziehen" und der Schwangeren Schutz vor Druck und Bedrängnis aus ihrem sozia-

---

[239] OLG Düsseldorf FamRZ 2005, 216.
[240] OLG Hamm FamRZ 2007, 732 mit Anm. *Bergschneider.*
[241] Z.B. OLG Celle FamRZ 2004, 1489 mit Anm. *Bergschneider.*
[242] Siehe z.B. BGH FamRZ 2005, 26, 27 – „Versorgungsausgleich" –.
[243] Vgl. BGH FamRZ 2005, 1444, 1447 – „Schwangere 1" – mit krit. Anm. *Bergschneider* FamRZ 2006, 1437; BGH FamRZ 2006, 1359 – „Schwangere 2" –.
[244] Vgl. BVerfG FamRZ 2001, 343, 346.

len Umfeld oder seitens des Kindesvaters zu gewähren, insbesondere, wenn sie dadurch zu Vertragsvereinbarungen gedrängt wird, die ihren Interessen massiv zuwiderlaufen. Trotz dieser gekonnt dramatischen Darstellung sieht aber auch das BVerfG in der Schwangerschaft bei Abschluss des Ehevertrages nur ein **Indiz** für eine vertragliche Disparität und lässt die Unterlegenheit durch eine entsprechende Vermögenslage, die berufliche Qualifikation, die ins Auge gefasste Aufteilung von Erwerbs- und Familienarbeit in der Ehe und weitere maßgebliche Faktoren ausgleichen. Offen bleibt dabei, was unter „verstärkter richterlicher Inhaltskontrolle" zu verstehen ist und welcher rechtliche Gehalt und welche Folgen sich aus einem solchen Indiz ergeben. Ein solches Indiz für eine vertragliche Disparität kann jedenfalls nicht zu einer Beweislastumkehr des Inhalts führen, dass der Mann darlegen und beweisen müsste, dass die Voraussetzungen für eine Beanstandung des Vertrages nicht vorgelegen haben[245]. Und die verstärkte richterliche Inhaltskontrolle kann keinen Abschied von der Parteimaxime bedeuten und zu einem amtswegigen Verfahren führen. Bringt man diese Begriffe – um sie nicht als Floskeln zu bezeichnen – in einen prozessualen Kontext, dann kann man sie allenfalls als Appell an die besonders sorgfältige Erfüllung der richterlichen Fürsorgepflicht[246] verstehen.

Einigermaßen klar sind dabei die Fälle, in denen die Schwangere vor die Wahl gestellt wird, zu heiraten und den Ehevertrag abzuschließen oder nicht zu heiraten und ein **uneheliches Kind** zur Welt zu bringen; dann wird diese Drucksituation – schon im Hinblick auf die subjektive Seite – häufig zur **Sittenwidrigkeit** (§ 138 I BGB) des von ihr erklärten Verzichts auf Betreuungsunterhalt und möglicherweise zur Erstreckung der Sittenwidrigkeit auf weitere Vertragspunkte führen. Anders sind die Fälle zu behandeln, in denen die Vertragsparteien davon ausgehen, dass sie weiterhin Vollzeit berufstätig bleiben werden und dann doch einer von ihnen seine Arbeitszeit reduziert, sich dem Kind widmet und unterhaltsbedürftig wird. Hier fehlt es regelmäßig an der verfassungsgerichtlich dargestellten Dramatik mit der Konsequenz, dass ein Fall für die **Ausübungskontrolle** (§ 242 BGB) angenommen werden kann.

Resümee: Schwangerschaftsfälle sind nicht grundlegend anders zu beurteilen wie sonstige Verzichte auch, allenfalls die richterliche Fürsorgepflicht ist stärker als sonst gefordert.

## 7. Lebenserfahrung, persönliche Defizite usw.

Von Bedeutung sind auch die Lebenserfahrung und die beruflichen Voraussetzungen der Vertragsparteien, die jeder für sich hat, um den

---

[245] Siehe dazu unten VIII.1.
[246] Siehe dazu *Reichold* in Thomas/Putzo Einleitung I zur ZPO.

Vertrag in seiner Bedeutung und Tragweite beurteilen zu können. Für die Vertragsgestaltung ist deshalb in geeigneten Fällen zu überlegen, entgegen einer sonst verbreiteten Übung den **Beruf** der Parteien in die Urkunde aufzunehmen und bei der Vertragsabwicklung nach den insoweit etwa gemachten Angaben zu sehen. Wichtig können auch ihre diesbezüglich unterschiedlichen Voraussetzungen sein, die bis zur krassen Überlegenheit des einen und zur Unterwürfigkeit des anderen führen können. Das **Lebensalter** und eigene **familiäre Erfahrungen** sowie einschlägige Erfahrungen im Verwandten- und Freundeskreis können von Bedeutung sein. War etwa der den Vertrag angreifende Ehegatte bereits früher einmal verheiratet, vielleicht etwa noch dazu mit einem Ehevertrag? Wurde bereits eine Scheidung der Eltern leidvoll miterlebt? Der Umstand, dass ein Ehegatte oder beide Ehegatten bereits einmal verheiratet waren, wird vom BGH zumindest im Tatbestand regelmäßig erwähnt[247] und von der OLG-Rechtsprechung in die Gesamtwürdigung einbezogen[248].

Wie steht es mit der **psychischen Verfassung** der Vertragsparteien[249]?

Ist eine der Parteien **alkoholkrank** oder **drogenabhängig**[250]?

Eine Störung der Vertragsparität kann auch deshalb möglich sein, weil der eine Teil eine ausgeprägte soziale und **wirtschaftliche Abhängigkeit** aufgrund eines Arbeitsverhältnisses mit dem (späteren) Ehegatten ausnützt[251].

## 8. Ehen mit Ausländern

Scheiternde Ehen mit Ausländern spielen im Zusammenhang mit der richterlichen Inhaltskontrolle von Eheverträgen und Scheidungsvereinbarungen eine unverhältnismäßig große Rolle. Die damit verbundenen besonderen Probleme zeigen, dass hier eine ganz besondere Sorgfalt am Platze ist. Die Hauptprobleme sind folgende:

### a) Sprachprobleme

Bei **Eheverträgen** sind zunächst die Vorgaben gemäß § 16 BeurkG genau zu beachten und bei der Abwicklung zu überprüfen, ob sie beachtet waren. Des Weiteren: Hat dem **nicht deutschsprachigen Vertragspartner** eine schriftliche Übersetzung vorgelegen[252]? War bei der **Vorbe-**

---

[247] Vgl. z.B. BGH FamRZ 2005, 691 – „Weitgehender Verzicht" –.
[248] Vgl. z.B. OLG Karlsruhe FamRZ 2008, 522.
[249] Vgl. dazu OLG Koblenz FamRZ 2004, 805, 806.
[250] Vgl. AG Rheine FamRZ 2007, 451.
[251] Vgl. BGH FamRZ 2005, 691.
[252] Vgl. OLG Koblenz FamRZ 2004, 200 mit Anm. *Bergschneider;* dort war die Ehefrau bereits einige Tage vor der Beurkundung mit einer Dolmetscherin

**sprechung** und im **Beurkundungstermin** ein – tunlichst beeidigter und juristisch besonders ausgewiesener – Dolmetscher anwesend? In der Praxis das Gleiche sollte beim Abschluss oder der Protokollierung einer **Scheidungsvereinbarung** gelten, auch wenn hierfür das BeurkG nicht direkt anwendbar ist. Eine Entscheidung, wie diejenige des OLG Köln[253], dass derjenige grundsätzlich auf eigene Gefahr handle, der einen Ehevertrag schließt, den er nicht voll versteht, dürfte vor dem BVerfG und dem BGH wohl kaum Bestand haben. Man sollte auch nicht auf ausreichende Sprachkenntnisse nach einem langjährigen Aufenthalt in Deutschland vertrauen. Die an und für sich bestehende Übersetzungsbedürftigkeit wird besonders oft beim Abschluss von Scheidungsvereinbarungen nicht beachtet, was gerne zu der späteren Behauptung führt, man habe den Vertrag nicht verstanden. Probleme können sich aber trotz einer beanstandungsfreien Übersetzung ergeben, da sich hinter vielen juristischen Begriffen umfangreiche Gedankengebäude auftun und manche deutsche Begriffe sich kaum inhaltlich unverändert in exotische Sprachen übersetzen lassen (Wie übersetzt und erläutert man Ehegatteninnengesellschaft in einem Vertrag mit einem Afrikaner oder einer Chinesin?). Bei schriftlichen Übersetzungen wird allgemein geraten, den deutschen Text der Urkunde für allein verbindlich zu erklären. Dieser Rat ist sicher richtig; er bewahrt bei Übersetzungsproblemen jedoch nicht immer vor juristischen Vertragsbeanstandungen, wobei neben einer Anfechtung auch eine unzulässige Rechtsausübung in Betracht gezogen werden kann. Liegt eine schriftliche Übersetzung vor, soll sie nach § 16 II 2 BeurkG der Niederschrift beigefügt werden; es kann jedoch nicht verlangt werden, dass die Urkunde auch in der Übersetzung vorgelesen wird[254].

Wie weit war der ausländische Vertragspartner mit den Verhältnissen in Deutschland vertraut[255]?

**b) Ausweisungsdruck**

Stand der ausländische Partner unter Ausweisungsdruck[256]? In solchen Fällen wird es häufig zu der vom BVerfG[257] besonders deutlich beanstandete Situation kommen, dass die Verhandlungsposition der Vertrags-

---

zur Vorbesprechung beim Notar, anschließend erhielt sie eine Übersetzung des Vertragsentwurfs, die sie mit schriftlichen Anmerkungen versah und schließlich war auch bei der Beurkundung eine Dolmetscherin anwesend.

[253] OLG Köln FamRZ 2002, 457.
[254] Hier kann nicht mehr verlangt werden, als es das BVerfG in NJW 2004, 1443 für einen Anklagesatz in einem Strafverfahren genügen lässt.
[255] Siehe dazu als Beispiel BGH FamRZ 2006, 1097 – „Brasilianerin" –.
[256] Vgl. das Beispiel in BGH FamRZ 2007, 450 und 1157 – „Russische Klavierlehrerin 1" – und – „Russische Klavierlehrerin 2" – ; ebenso OLG München FamRZ 2007, 1244 mit Anm. *Bergschneider*.
[257] Vgl. BVerfG FamRZ 2001, 343, 345.

partner so ungleich ist und dem einen Partner ein solches Gewicht zukommt, dass er den Vertragsinhalt **faktisch einseitig** bestimmen kann. Mit allen Vorbehalten wird man aus dieser Rechtsprechung folgern müssen: Globalverzichte mit ausweisungsbedrohten Ausländern sind sehr häufig zu beanstanden. Es ist deshalb für die Vertragsgestaltung zu raten, dem Ausländer zumindest einen nicht unbeträchtlichen Mindestbestand an Rechten zu belassen, vor allem auf dem Gebiet des Unterhaltsrechts, oder zu seinen Gunsten Ausgleichsleistungen zu erbringen. Auch die Beachtung subjektiver Gesichtspunkte ist hier besonders wichtig. Eine ausführliche Belehrung, eine Beratung oder Vertretung durch einen Rechtsanwalt sollte den Mindeststandard darstellen.

### c) Ausländerrechtliche Vorteile

Das Thema der Erschleichung ausländerrechtlicher Vorteile durch die Eheschließung mit einem deutschen Staatsangehörigen hat der BGH[258] im Zusammenhang mit einer dauerhaften oder doch längerfristigen Inanspruchnahme des **Sozialhilfeträgers** kurz angesprochen, jedoch keine Entscheidung getroffen. Diese Fälle sind unter verschiedenen Aspekten zu betrachten: (1) Zunächst gilt die traditionelle Rechtsprechung[259], wonach Eheverträge und Scheidungsvereinbarungen, die zu Lasten der Sozialhilfe gehen, sittenwidrig sein können. (2) Wie der BGH[260] anklingen ließ, ist die Sozialhilfebedürftigkeit des ausländischen Ehegatten in Zusammenhang mit der richterlichen Inhaltskontrolle zu sehen. Grundsätzlich wird die von Anfang an bestehende – soweit sie nicht ohnedies nach der traditionellen Rechtsprechung zu beurteilen ist – oder die später eintretende Sozialhilfebedürftigkeit am Maßstab der Bestandskontrolle und der Ausübungskontrolle zu messen sein. (3) Im Übrigen sind die Vorschriften für die aufhebbare Ehe (§§ 1314 II Nr. 5, 1318 BGB) einschlägig und hier wiederum die Rechtsprechung zur richterlichen Inhaltskontrolle.

## 9. Rückgewähr

Insbesondere bei der Abwicklung von Eheverträgen sollte auch von Bedeutung sein, ob der andere Ehegatte überhaupt in der Lage ist, die nach der Beanstandung zu leistende Rückgewähr zu erbringen[261]. Wie ist es beispielsweise, wenn für den Verzicht der Ehefrau auf Versorgungsausgleich eine nach Auffassung des Gerichts völlig unzureichende Abfindungszahlung geleistet worden ist, die zur Sittenwidrigkeit führt, die

---

[258] Vgl. BGH FamRZ 2007, 450, 452 – „Russische Klavierlehrerin 1 –.
[259] Vgl. BGH FamRZ 1983, 137; siehe auch unten VIII.3.
[260] Vgl. BGH FamRZ 2007, 450, 452 – „Russische Klavierlehrerin" –.
[261] Siehe dazu OLG Celle FamRZ 2007, 1566 mit Anm. *Bergschneider.*

Ehefrau zur Rückzahlung des gezahlten Abfindungsbetrags jedoch nicht in der Lage ist?

## 10. Transparenzgebot

Es darf kein Verstoß gegen das Transparenzgebot vorliegen[262]. Soweit ersichtlich, hat sich die Rechtsprechung zum Transparenzgebot in familienrechtlichen Verträgen zwar noch nicht ausdrücklich geäußert. Was sich aber für Allgemeine Geschäftsbedingungen aus § 307 I 2 BGB ergibt, dass nämlich eine unangemessene Benachteiligung vorliegen kann, wenn die Bestimmung nicht klar und verständlich ist, muss im Grundsatz auch für das Familienrecht gelten. Insbesondere an zwei Problembereiche ist dabei zu denken: (a) Die Bestimmung ist so kompliziert, dass sie nur schwer ausgelegt werden kann. (b) Die Vereinbarung enthält eine Verweisung auf eine oder mehrere Gesetzesbestimmungen, deren Kenntnis bei einem Normalbürger nicht vorausgesetzt werden kann[263]. Aber auch hier ist neben der objektiven Seite, also dem Vertragstext, die subjektive Seite zu beachten. Stehen bei Abschluss eines Ehevertrages oder einer Scheidungsvereinbarung beispielsweise auf der einen Seite ein Bauträger und auf der anderen Seite eine Immobilienmaklerin, dann wird man eine objektiv intransparente Bestimmung, die sich auf eine Bewertungsvorschrift bezieht, nicht zu beanstanden haben, sehr wohl aber, wenn auf der anderen Seite ein unerfahrener Teenager steht.

## 11. Dokumentation

Für die **Vertragsgestaltung** sollte schließlich noch auf das Erfordernis der **Dokumentation** all dieser Punkte hingewiesen zu werden. Notare pflegen dies regelmäßig in der Urkunde zu tun. Für Rechtsanwälte stellt sich die Frage, ob sie sich in Zukunft nicht dieser Übung anschließen sollten. Selbstredend ist die Dokumentation für die Vertragsabwicklung von nicht zu überschätzender Bedeutung.

---

[262] Siehe dazu *Stresow*, Die richterliche Inhaltskontrolle von Eheverträgen (Dissertation), S.271 ff. und *Bergschneider* in Anm. zu OLG Naumburg FamRZ 2007, 473.

[263] Vgl. z. B. OLG Naumburg FamRZ 2007, 473, wo in einer Unterhaltsvereinbarung auf „§§ 16 ff. WertV" verwiesen wurde.

## VIII. Störung der Geschäftsgrundlage, Gesetzliches Verbot, Verträge zu Lasten der Sozialhilfe, verbotene Kommerzialisierung, Anfechtung, Vereinbarungen zum Scheidungsantrag

### 1. Störung der Geschäftsgrundlage

Die Darstellung des BGH zur Ausübungskontrolle, wonach ein Fall der Unzumutbarkeit insbesondere dann vorliegen könne, wenn die tatsächliche einvernehmliche Gestaltung der ehelichen Lebensverhältnisse von der ursprünglichen, dem Vertrag zugrunde liegenden Lebensplanung grundlegend abweiche[264], wirkt wie eine Subsumtion der Bestimmung des **§ 313 BGB,** der Störung der Geschäftsgrundlage. Ohne nähere Begründung ordnet der BGH diese Tatbestände dem § 242 BGB zu und zwar dem Institut der unzulässigen Rechtsausübung[265]. Es ist zu vermuten, dass dem BGH die Voraussetzungen für die Anwendung des § 313 BGB („schwerwiegend ... nicht zugemutet") unter Berücksichtigung der **speziellen ehelichen Belange** zu streng waren, um den nach den Vorgaben des BVerfG zu beanstandenden Fällen gerecht zu werden.

Dennoch hat der BGH in einzelnen Fällen die Möglichkeit der Anwendung des § 313 BGB erwähnt[266] und in verkürzter Darstellung des § 313 BGB darauf hingewiesen, dass auf Eheverträge, soweit die tatsächliche Gestaltung der ehelichen Lebensverhältnisse von der ursprünglichen Lebensplanung, die die Parteien dem Vertrag zugrunde gelegt haben, abweicht, auch die Grundsätze über den „Wegfall der Geschäftsgrundlage" Anwendung finden. Dem folgt als Erläuterung, ein Wegfall der Geschäftsgrundlage könne nicht schon deswegen angenommen werden, weil ein Vertragspartner ein **erheblich höheres Einkommen** als der andere erzielt. Dies gelte umso weniger, als Eheverträge, die gesetzliche Scheidungsfolgen abbedingen, üblicherweise gerade im Hinblick auf solche bestehenden oder sich künftig ergebenden Unterschiede in den wirtschaftlichen Verhältnissen geschlossen werden. Ein Wegfall der Geschäftsgrundlage komme daher allenfalls in Betracht, wenn die Parteien bei Abschluss des Vertrages ausnahmsweise eine bestimmte Relation ihrer Einkommens- und Vermögensverhältnisse als auch künftig gewiss angesehen und ihre Vereinbarung darauf abgestellt haben.

---

[264] Vgl. BGH FamRZ 2004, 601, 604.
[265] Siehe z. B. BGH FamRZ 2005, 185, 187.
[266] Vgl. BGH FamRZ 2005, 1444, 1448 – „Schwangere 1" – und FamRZ 2008, 386, 389 – „Mehrheitsgesellschafter" –.

Diese Erläuterung würde allerdings auch zur Ausübungskontrolle bei unzulässiger Rechtsausübung (§ 242 BGB) passen. Die Abgrenzung zwischen den beiden Rechtsinstituten bleibt deshalb rätselhaft; für die Praxis dürfte sie allerdings ohne größere Bedeutung sein. Vorstellbar ist immerhin ein Vertrag, in dem ein Unternehmer mit seiner Ehefrau einen Ausschluss des Versorgungsausgleichs gegen Zahlung eines bestimmten Betrages in eine Lebensversicherung der Ehefrau vereinbart. Gerät er in finanzielle Schwierigkeiten, weshalb er eine versicherungspflichtige Tätigkeit annehmen muss und die Lebensversicherung nicht mehr bedienen kann, dann könnte – als „sauberste Lösung" – an einen Rücktritt vom Vertrag gemäß § 313 III 1 BGB gedacht werden. Mit dem Instrumentarium der richterlichen Inhaltskontrolle lässt sich dieser Fall aber auch in befriedigender Weise lösen, weil beide einen einheitlichen Tatsachenkomplex erfassen.

### 2. Gesetzliches Verbot

Die bisherige Rechtslage und Rechtsprechung zum verbotenen **Verzicht auf Kindesunterhalt** (§ 1614 I BGB) und **Ehegatten-Trennungsunterhalt** (§§ 1361 IV 4, 1360a III, 1614 I BGB) gilt selbstverständlich weiterhin. Dies ist deshalb nur insoweit ein Thema für die richterliche Inhaltskontrolle als es unter Umständen die evidente Einseitigkeit noch mehr belegen kann. Gleiches gilt bei Beschränkungen beim Kindesunterhalt, soweit sie nicht als wirksame Freistellungen auszulegen sind.

### 3. Vereinbarungen zu Lasten der Sozialhilfe

Die Rechtsprechung, wonach Eheverträge und Scheidungsvereinbarungen, die zu **Lasten der Sozialhilfe** gehen, sittenwidrig sein können[267], gilt weiter. Dies hat der BGH[268] ausdrücklich festgestellt und ausgeführt, dass Lebensrisiken eines Partners, die nicht ehebedingt sind – im Urteil ist beispielhaft eine vor der (kinderlosen) Ehe zu Tage getretene Krankheit genannt – von vornherein durch Ehevertrag auch mit Wirkung gegen die Sozialhilfe aus der gemeinsamen Verantwortung, welche die Ehegatten füreinander haben, herausgenommen werden können.

### 4. Verbotene Kommerzialisierung

Ebenso gilt weiter die Rechtsprechung zur verbotenen **Kommerzialisierung,** insbesondere im Zusammenhang mit elterlicher Sorge und Um-

---

[267] Vgl. BGH FamRZ 1983, 137.
[268] BGH FamRZ 2007, 197 – „Sozialhilfe" –.

gangsregelung[269] sowie zur Verpflichtung, nach der Scheidung den Ehenamen abzulegen[270].

## 5. Steuerlich unkorrekte Regelungen

Es gilt auch weiterhin, dass **steuerlich unkorrekte Regelungen** sittenwidrig sind, insbesondere Schein-Ehegattenarbeitsverträge.

## 6. Vereinbarungen zur Beantragung der Scheidung

### a) Zustimmung

Die Zustimmung zum Scheidungsantrag des anderen Ehegatten oder die Verpflichtung zur Erklärung einer solchen Zustimmung wird häufig in Trennungs- und Scheidungsvereinbarungen, aber auch in Eheverträgen, die im Vorfeld einer Scheidung abgeschlossen werden (sog. Scheidungseheverträgen), aufgenommen. Diese Zustimmung ist nicht bindend; sie kann gemäß § 630 I Nr. 1 ZPO bis zur letzten mündlichen Verhandlung widerrufen werden. Ein Verzicht auf das Widerrufsrecht ist im Hinblick auf § 6 I GG nicht wirksam.

### b) Ausschluss und Erschwerung der Scheidung

Vereinbarungen über den Ausschluss oder die Erschwerung der Scheidung kommen – von emotionalen und religiösen Gründen abgesehen – meist in folgenden Situationen vor:

– In einer Ehekrise soll eine Entlastung vom Druck einer bevorstehenden Scheidung erfolgen, damit in einer längerfristigen Eheberatung die Rettung der Ehe versucht werden soll.
– Die Ehescheidung löst den Versorgungsausgleich aus und lässt damit die Witwenversorgung entfallen. Dabei wird insbesondere in Ehen, die in höherem Alter geschlossen werden, die Witwenversorgung wesentlich höher sein als der Versorgungsausgleich.
– Der Zeitpunkt der Ehescheidung kann unter verschiedenen Aspekten für den Versorgungsausgleich von Bedeutung sein.

Solche Vereinbarungen sind nicht generell sittenwidrig oder aus einem sonstigen Grund verboten, auch wenn sie im Fall der Scheidung ausschließlich oder überwiegend zu Lasten eines der beiden Ehegatten ge-

---

[269] Vgl. BGH FamRZ 1984, 778; siehe zum Gesamtkomplex *Bergschneider*, Verträge in Familiensachen Rn. 117 ff.
[270] Siehe dazu BGH FamRZ 2008, 859, wo dieses Problem angesprochen wird.

hen. Vielmehr müssen besondere Umstände hinzutreten, wenn Sittenwidrigkeit anzunehmen ist[271]. Es gilt aber auch, dass Art. 6 I GG nicht nur die bestehende Ehe, sondern auch das Recht der Ehegatten schützt, nach Eintritt der die Scheidung rechtfertigenden Gründen geschieden zu werden und damit die Eheschließungsfreiheit wieder zu erlangen[272]. Solche Vereinbarungen sind manchmal mit einer der Vertragsstrafe vergleichbaren Abfindungszahlung oder überhöhten Unterhaltsverpflichtungen verbunden, die dann sittenwidrig sind, wenn sie lediglich die Scheidung erschweren (Kommerzialisierung), nicht aber beispielsweise das Auskommen des anderen Ehegatten erleichtern sollen[273].

## 7. Anfechtung

Neben oder anstatt der richterlichen Inhaltskontrolle können auch die Voraussetzungen für eine **Anfechtung** wegen Irrtums, Täuschung und Drohung nach §§ 119 ff. BGB gegeben sein[274]. In einem Fall, in dem auch die Anfechtung wegen Täuschung erklärt wurde, nahm der BGH[275] zunächst eine diesbezügliche Prüfung vor und kam erst dann zu einer Behandlung nach den Grundsätzen der richterlichen Inhaltskontrolle, wobei er besonders auf das Problem der Kausalität der Täuschung für den Abschluss des Ehevertrages aufmerksam machte. Die Anfechtung von Eheverträgen und Scheidungsvereinbarungen ist aber meist eine sperrige Angelegenheit, da sich oft Fristprobleme und schwer zu bewältigende Beweisprobleme auftun. Aus der Sicht des den Vertrag beanstandenden Teils wird es deshalb in der Regel einfacher sein, den Weg der richterlichen Inhaltskontrolle zu gehen.

---

[271] Vgl. BGH FamRZ 1997, 156.
[272] Vgl. BVerfG FamRZ 1971, 414; BGH FamRZ 1986, 655.
[273] Vgl. als Beispiel BGH FamRZ 1990, 372; siehe dazu *Bergschneider,* Verträge in Familiensachen Rn. 236 ff.
[274] Vgl. z. B. OLG Hamm FamRZ 2007, 732 mit Anm. *Bergschneider.*
[275] Vgl. BGH FamRZ 2008, 582, 583 – „Krebserkrankung" –.

## IX. Zur obergerichtlichen Rechtsprechung

Die obergerichtliche Rechtsprechung divergiert sehr stark, weshalb es in nicht wenigen Fällen sehr schwierig ist, eine Vorhersage über die Kontrollfestigkeit einer ehevertraglichen Vereinbarung zu machen. Zwei Beispiele:

- **Urteil des OLG München vom 1. Februar 2006**[276]: In einem im Jahre 1997 mit der schwangeren Ehefrau abgeschlossenen Ehevertrag war vereinbart, dass der Unterhaltsanspruch der im Zeitpunkt der Entscheidung zwei Kinder im Alter von 9 und 8 Jahren betreuenden Ehefrau in Wegfall kommt, wenn sie eine eheähnliche Beziehung aufnimmt (ohne dass die sonst übliche Mindestfrist von zwei Jahren[277] abzuwarten war), ferner wurde der Ehegattenunterhalt begrenzt, und zwar war er auf der Grundlage eines anrechenbaren Nettoeinkommens des Ehemannes von (nur) 8.000 DM zu errechnen. Ein Altersvorsorgeunterhalt war ausgeschlossen; ebenso der Versorgungsausgleich, was sich jedoch zu Gunsten der Ehefrau auswirkte.
Das OLG München beanstandete den Vertrag als **sittenwidrig** nach § 138 I BGB und erklärte den Vertrag für nichtig.
- **Beschluss des OLG Stuttgart vom 18. Oktober 2006**[278]: Nach der Heirat wurde mit der nicht schwangeren Frau ein Globalverzicht vereinbart, einschließlich des Verzichts auf Betreuungsunterhalt nach § 1570 BGB, obwohl damals das gemeinsame Kind noch betreuungsbedürftig war.
Das OLG Stuttgart sah den Vertrag als **wirksam** an und beanstandete ihn nicht, weder im Wege der Bestandskontrolle noch der Ausübungskontrolle.

---

[276] FamRZ 2006, 1449.
[277] Siehe Palandt/*Brudermüller*, §1579 BGB Rn. 7 (Nachtrag).
[278] FamRZ 2007, 291 mit Anm. *Bergschneider.*

## X. Bestandskontrolle (§ 138 I BGB) – Ausübungskontrolle (§ 242 BGB) – Teilnichtigkeit – Salvatorische Klauseln

Es macht einen **grundlegenden Unterschied** aus, ob ein Ehevertrag oder eine sonstige familienrechtliche Vereinbarung – wenn überhaupt – im Wege der Bestandskontrolle (§ 138 I BGB) oder der Ausübungskontrolle beanstandet wird. Entsprechend diesem Unterschied ist auch die Frage nach der Wirksamkeit, der Teilunwirksamkeit und der Wirkung der salvatorischen Klausel zu beantworten.

### 1. Bestandskontrolle (§ 138 I BGB)

#### a) Grundsätze

Der BGH hat seine Grundsätze zur Wirksamkeitskontrolle (§ 138 I BGB) in seinem grundlegenden Urteil vom 11. Februar 2004[279] – „Archäologin" – und in fast allen Folgeentscheidungen dargestellt. Stichwortartig sind dies die wesentlichen Gesichtspunkte:

– Als **erster Schritt** ist eine Wirksamkeitskontrolle in Form einer Bestandskontrolle vorzunehmen.
– Maßgebend sind die Verhältnisse zum **Zeitpunkt** des Vertragsabschlusses.
– Im Wege einer **Gesamtwürdigung** der individuellen Verhältnisse ist zu prüfen, ob es zu einer sittenwidrigen einseitigen Lastenverteilung gekommen ist.
– Von **besonderer Bedeutung** sind die Einkommens- und Vermögensverhältnisse, der Lebenszuschnitt und die Auswirkungen auf die Ehegatten und die Kinder.
– Das Gewicht des Verzichts orientiert sich an der Wertigkeit des betreffenden Rechts, gemessen an seiner Stelle im **Kernbereich** des Scheidungsfolgenrechts.
– Bedeutsam sind aber auch die äußeren Umstände beim **Zustandekommen** des Vertrags[280].

---

[279] Siehe im Einzelnen FamRZ 2004, 601 und oben IV.1.
[280] Diesen Punkt hat der BGH besonders in weiteren Entscheidungen hervorgehoben, ganz besonders in seinem Urteil vom 17. Oktober 2007 –„Mehrheitsgesellschafter" – FamRZ 2008, 386.

## b) Zurückhaltende Anwendung

Der BGH prüft die Wirksamkeit eines Ehevertrages bei der Bestandskontrolle sehr zurückhaltend. „Mit dem scharfen Schwert der Sittenwidrigkeit soll sparsam umgegangen werden"[281]. Seine Rechtsprechung ist allerdings **nicht ganz einheitlich.** Während bei der einen Entscheidung kaum ein Zweifel daran bestehen kann, dass das Verdikt der Sittenwidrigkeit zutreffend ist[282], erscheint die andere Entscheidung als wesentlich zu hart[283]; im letzteren Fall wäre eine Entscheidung im Wege der Ausübungskontrolle wohl eher sachgerecht gewesen.

## c) Beurteilung des Einzelfalles

Nach dieser Rechtsprechung sind Verträge mit einem Globalverzicht besonders **gefährdet,** wenn der BGH auch feststellt, dass es ein unverzichtbares Mindestmaß an Scheidungsfolgen zugunsten des berechtigen Ehegatten nicht gibt. Ebenso gefährdet sind Verträge, die einen Verzicht zu Lasten der Kindesbetreuung zur Folge haben, ganz besonders in Form eines vollständigen Verzichts auf Unterhalt wegen Kindesbetreuung (§ 1570 BGB) verbunden mit einem Verzicht auf Versorgungsausgleich für die Zeit der Kindesbetreuung (§ 1408 II BGB). Ob ein solcher Vertrag trotz eines solch gravierenden Verzichts Bestand hat, ist nach den vereinbarten Gegenleistungen oder den rechtfertigenden Gründen (z.B. weil beide Ehegatten weiterhin Einkommen aus Berufstätigkeit haben) und schließlich nach den Umständen des Zustandekommens des Vertrages zu beurteilen. Weil solche zwar nach erstem Anschein sittenwidrig benachteiligende Verträge im Einzelfall doch Bestand haben oder ihr Abschluss gerechtfertigt ist, sollte auch mit Rücksicht auf die sehr unterschiedlich strenge Rechtsprechung insbesondere der Instanzgerichte bei der Vertragsgestaltung das Vorsichtsprinzip ganz besonders beachtet werden, und zwar sowohl was den Inhalt des Vertrages als auch die Dokumentation der Verzichtsgründe angeht. Entsprechend gilt für die Vertragsabwicklung die Untersuchung der bei Vertragsabfassung maßgebenden Gründe und der Angemessenheit der Gegenleistung. Die vom BGH geforderte Gesamtwürdigung macht es gerade für ältere Verträge sehr schwierig, ihre Kontrollfestigkeit zuverlässig zu beurteilen und bei neuen Verträgen die Parteien für die erforderliche Vorsorge zu gewinnen.

---

[281] So der mehrfach in Vorträgen verwendete Ausdruck von Dr. Hahne, der Vorsitzenden des für Familiensachen zuständigen XII. Senats des BGH.

[282] Dies gilt für das Urteil vom 17. Mai 2006 – „Brasilianerin" – FamRZ 2006, 1097.

[283] Dies gilt für die Entscheidungen vom 22. November 2006 FamRZ 2007, 450 – „Russische Klavierlehrerin 1" – mit kritischer Anm. *Bergschneider* = DNotZ 2007, 302 mit kritischer Anm. *Grziwotz* und vom 28. März 2007 FamRZ 2007, 1157 – „Russische Klavierlehrerin 2" –.

#### d) Rechtsfolgen

Nach dem ausdrücklichen Wortlaut des § 138 I BGB ist ein Rechtsgeschäft, das gegen die guten Sitten verstößt, **nichtig**. Dies ist auch die Konsequenz, die der BGH bei der Beanstandung eines Ehevertrages im Wege der Bestandkontrolle zieht; an die Stelle der solchermaßen beanstandeten Regelung tritt das Gesetz.

#### e) Kritik

Die Rechtsprechung des BGH zur Sittenwidrigkeit von Eheverträgen kann nicht ganz ohne Kritik verbleiben. Die Frage der Beanstandung des Vertrags allein auf den Zeitpunkt des Vertragsabschlusses abzustellen und die spätere Entwicklung nicht mehr zu berücksichtigen, ist **zu eng**. Es trifft zwar zu, dass nach der allgemeinen Rechtsprechung[284] bei der Beurteilung der Sittenwidrigkeit auf die Verhältnisse im Zeitpunkt der Vornahme des Rechtsgeschäfts abzustellen ist, nicht auf den des Eintritts der Rechtswirkungen. Die Fixierung dieses Zeitpunkts führt in ehelichen und nachehelichen Verhältnissen aber oft zu nicht plausiblen Ergebnissen. Nehmen wir als Beispiel einen mit der schwangeren Braut abgeschlossenen Ehevertrag mit einem Globalverzicht einschließlich des Verzichts auf Unterhalt wegen Kindesbetreuung und auf Versorgungsausgleich. Dieser Ehevertrag wird als sittenwidrig beanstandet und damit als von Anfang an nichtig behandelt werden. Wie ist es aber, wenn es zu einer Fehlgeburt kommt, aus der Ehe keine Kinder mehr hervorgehen und beide Ehegatten uneingeschränkt erwerbstätig bleiben, allerdings mit nicht ehebedingt unterschiedlich hohem Einkommen? Kommt es nach 25-jähriger Ehe zur Scheidung, ist dann weiterhin von einem nichtigen Ehevertrag auszugehen? Die Rechtsprechung des BGH ist insoweit auch nicht ganz konsequent, als zumindest in einer seiner Entscheidungen[285] weniger die Krankheitssymptome bei Eheschließung, mehr jedoch der außerordentlich bedauerliche Krankheitsverlauf während der Ehe die Sittenwidrigkeit begründet haben dürfte. Möglicherweise ist auch ein oberstes Bundesgericht nicht frei von einem Mitleidssyndrom.

Der Meinung von *Günther H.Roth*[286] ist deshalb beizupflichten, dass das Verdikt der Sittenwidrigkeit im Tatbestand ebenso überzogen ist wie die absolute Nichtigkeit als Rechtsfolge. Nach seiner Vorstellung wäre ein **bewegliches System** einzuführen, in dem das Ausmaß der inhaltlichen Unbilligkeit und der Grad gestörter Privatautonomie gleichermaßen ins Gewicht fallen. In diesem Rahmen könnten dann auch Fälle eine interessengerechtere Lösung finden, die bisher bei § 138 I BGB angesiedelt

---

[284] Siehe Palandt/*Heinrichs,* § 138 BGB Rn. 9.
[285] Vgl. BGH FamRZ 2007, 450 – „Russische Klavierlehrerin 1" –.
[286] Siehe MüK/*Roth,* Band 2 § 242 BGB Rn. 436 ff.

waren. Geht man davon aus, dass die materielle Beschränkung der Privatautonomie nur so weit zu gehen braucht, dass die Auswüchse der gestörten Vertragsparität zurückgestutzt werden, dann wird man im Familienvertragsrecht auf die Anwendung der Bestimmung des § 138 I BGB mit ihrer absoluten Nichtigkeitsfolge ganz verzichten können.

## 2. Teilnichtigkeit und salvatorische Klauseln bei der Bestandskontrolle

### a) Allgemeine Rechtsprechung

Gemäß § 139 BGB hat die Nichtigkeit eines Teils eines Rechtsgeschäfts im Zweifel die Nichtigkeit des gesamten Rechtsgeschäfts zur Folge. Kommt ein Fall von Wirksamkeitskontrolle – also **Sittenwidrigkeit** – in Betracht, dann ist nach der traditionellen Rechtsprechung die Aufrechterhaltung des Restgeschäfts trotz einer entsprechenden Klausel unter Umständen nicht mehr vom Parteiwillen gedeckt, wenn Bestimmungen von **grundlegender Bedeutung** sittenwidrig oder sonst nichtig sind[287].

### b) Regel/Ausnahme

Diese Rechtsprechung übernimmt der BGH und stellt ausdrücklich fest[288], dass sein grundlegendes Urteil[289] verkannt wird, soweit aus ihm entnommen wird, der Senat erwäge entgegen § 139 BGB generell nur eine **Teilnichtigkeit** oder eine **geltungserhaltende Reduktion** und fährt fort:

*„Ergibt die Wirksamkeitskontrolle, dass einzelne Klauseln eines Ehevertrages schon im Zeitpunkt seines Zustandekommens nach § 138 I BGB nichtig sind, so ist nach § 139 BGB **in der Regel** der gesamte Ehevertrag nichtig, wenn nicht anzunehmen ist, dass er auch ohne die nichtigen Klauseln geschlossen sein würde, was sich insbesondere aus anderweitigen Parteivereinbarungen, z.B. salvatorischen Klauseln, ergeben kann."*

In einer weiteren Entscheidung[290] gibt der BGH der salvatorischen Klausel keine Chance mehr und stellt fest:

*„Die von den Parteien vereinbarte salvatorische Klausel ändert daran – entgegen der Auffassung des OLG – nichts. Ergibt sich wie hier, die Sittenwidrigkeit der getroffenen Abreden bereits aus der Gesamtwürdigung*

---

[287] Vgl. z. B. Palandt/*Heinrichs* § 139 BGB Rn. 17.
[288] Vgl. BGH FamRZ 2005, 1444, 1447 – „Schwangere 1" –.
[289] Vgl. BGH FamRZ 2004, 601 – „Archäologin" –.
[290] Vgl. BGH FamRZ 2006, 1097 – „Brasilianerin" –.

*eines Vertrags, dessen Inhalt für eine Partei ... ausnahmslos nachteilig ist und dessen Einzelregelungen durch keine berechtigten Belange der anderen Partei gerechtfertigt werden, so erfasst die Nichtigkeitsfolge notwendig den gesamten Vertrag ... Für eine Teilnichtigkeit bleibt in einem solchen Fall kein Raum.*"

Diese Entscheidung ist allerdings dadurch gekennzeichnet, dass es sich um eine besonders hochgradige Sittenwidrigkeit und eine recht pauschale salvatorische Klausel gehandelt hat, etwa des Inhalts, dass die etwaige Ungültigkeit einzelner Bestimmungen des Vertrages auf dessen Fortbestand und auf die Wirksamkeit der übrigen Bestimmungen keinen Einfluss haben soll.

Diese auf ersten Anschein nicht ganz widerspruchsfreien Entscheidungen des BGH zur Teilnichtigkeit und zu salvatorischen Klauseln wird man folgendermaßen zueinander in ein **stimmiges Verhältnis** bringen können:

– In der **Regel** ergreift bei der Nichtigkeit einzelner Bestimmungen deren Nichtigkeit den gesamten Ehevertrag.
– **Ausnahme:** Es besteht eine entsprechende salvatorische Klausel.
– Diese Ausnahme tritt aber **nicht** ein, wenn der Ehevertrag für die eine Partei ausnahmslos nachteilig und durch keine berechtigten Belange der anderen Partei gerechtfertigt ist.

### c) Praxis

Für die Praxis ergibt sich aus dieser Rechtsprechung die **Konsequenz,** dass salvatorische Klauseln auch bei sittenwidrig gewerteten Vertragsteilen sinnvoll sein und unter Umständen die erfolgreiche Berufung auf die Gesamtnichtigkeit des Vertrages verhindern können. Dazu ist allerdings zu ergänzen, dass die oft verwendeten pauschalen salvatorischen Klauseln eine solche Ausnahme nicht rechtfertigen dürften. Für die Vertragsgestaltung wird sich meist eine Kombination von Erhaltungs- und Ersetzungsklauseln empfehlen. **Erhaltungsklauseln** bezwecken gegen die Tendenz des § 139 BGB die Aufrechterhaltung des Vertragsrestes bei Teilungültigkeit des Rechtsgeschäfts, wobei ausdrücklich darauf hingewiesen werden soll, welche Bestimmung unter allen Umständen aufrechterhalten bleiben soll. Die darüber hinausgehenden **Ersetzungsklauseln** bestimmen, welche Regelungen an die Stelle von nichtigen Bestimmungen treten sollen[291]. Denkbar sind auch **abgestufte Ersetzungsklauseln** etwa derart, dass bei Unwirksamkeit einer bestimmten Klausel ersatzweise eine bestimmte andere gelte und bei Unwirksamkeit dieser Ersatzklausel eine weitere Ersatzklausel. Bei noch weiteren Abstu-

---

[291] Siehe Staudinger/*Herbert Roth* (2003) §139 BGB Rn. 22.

fungen wird man aber bald in Konflikt mit dem **Transparenzgebot**[292] kommen.

Salvatorische Klauseln und damit auch die Vereinbarung alternativer Rechtsfolgen werden deshalb in Zukunft noch wichtiger sein als in der Vergangenheit. Es wird sich aber auch der Hinweis nicht vermeiden lassen, dass sie möglicherweise nicht halten. Aber: Wenn sie schon nicht nützen, so schaden sie doch nicht. Ein Hinweis, der nach der neuen Rechtsprechung einen erheblichen Teil der familienrechtlichen Vertragsgestaltung betreffen wird.

**Formulierungsvorschlag:**[292a]
„Sollten einzelne Vertragsbestimmungen ganz oder teilweise unwirksam bzw. undurchführbar sein oder unwirksam oder undurchführbar werden oder sollte eine unbeabsichtigte Regelungslücke bestehen, soll die Wirksamkeit der übrigen Bestimmungen hiervon unberührt bleiben. Anstelle der unwirksamen oder undurchführbaren Bestimmung oder zur Ausfüllung der Lücke soll eine angemessene Regelung gelten, die soweit rechtlich möglich, dem am nächsten kommt, was wir gewollt haben oder nach dem Sinn und Zweck dieses Vertrages vereinbart hätten, wenn wir diesen Punkt bedacht hätten.

Nach unserem Willen ist keine Vertragsbestimmung mit einer anderen Bestimmung so miteinander verbunden, dass die Unwirksamkeit der einen die Unwirksamkeit der anderen zur Folge hat. Es entspricht insbesondere unserem Willen, dass die in Ziff. . . . und Ziff. . . . getroffenen Regelungen zum Unterhalt gelten sollen. Diese Regelungen sollen in jedem Fall bestehen bleiben, wenn eine oder mehrere der anderen Regelungen unwirksam sein oder werden sollten oder sich ein Vertragspartner aus Billigkeitsgründen nicht an einer bestimmten Regelung festhalten muss. Eine abweichende Festlegung für diese oder andere Vertragsteile wünschen wir auch nach ausdrücklicher Belehrung des Notars über die gesetzliche Folge einer Teilnichtigkeit, die im Zweifel zur Unwirksamkeit des gesamten Vertrages führt, nicht."

### d) Teilweise begünstigende Klauseln

Besondere Probleme bereiten Verträge, die im Wege der Bestandskontrolle beanstandet werden, für den benachteiligten Ehegatten im Ergebnis aber sie begünstigende Klauseln enthalten. Beispiel: Wie ist es bei einem vom Gericht als sittenwidrig beanstandeten Globalverzicht, wenn der Ehemann keine Versorgungsanrechte erworben hat, jedoch die Ehefrau als Sekretärin durchschnittliche Anrechte bei der DRV Bund und aus einer Betriebsrente erworben hat?

---

[292] Siehe oben VII.10.
[292a] Nach *Kleffmann* in Scholz/Stein, Praxishandbuch Familienrecht, Neubearbeitung 2008, Teil H Rn. 50e.

Wie ist es bei einem solchen Fall ohne salvatorische Klausel? Sind nur die den Ehemann begünstigenden Klauseln bezüglich des Unterhaltsverzichts und der Gütertrennung als sittenwidrig zu beanstanden, dann verbleibt nur der Verzicht auf Versorgungsausgleich bestehen, von dem die Ehefrau profitiert. Man kann aber auch die Gegenposition einnehmen und den gesamten Vertrag als unwirksam ansehen, weil dann die Parteien so gestellt werden, wie wenn kein Vertrag abgeschlossen worden wäre: Die Ehefrau bekommt Unterhalt und Zugewinnausgleich, gibt aber vom Versorgungsausgleich ab.

In einem solchen Fall hilft die salvatorische Klausel, wonach im Fall der Beanstandung von Unterhaltsverzicht und Gütertrennung auch der Verzicht auf Versorgungsausgleich entfällt. Da ein solcher Vertrag nicht ausnahmslos nachteilig für die Ehefrau ist, dürfte eine solche salvatorische Klausel auch bei einer Beanstandung im Wege der Bestandskontrolle wirksam sein.

### 3. Ausübungskontrolle (§ 242 BGB)

#### a) Grundsätze

Ebenfalls in seinem grundlegenden Urteil vom 11. Februar 2004[293] und in fast allen Folgeentscheidungen hat der BGH seine Grundsätze zur Ausübungskontrolle (§ 242 BGB) dargestellt, die seither zu einer eigenen familienrechtlichen Rechtsfigur geworden ist. **Stichwortartig** sind dies die wesentlichen Gesichtspunkte:

– Ist der Ehevertrag nicht sittenwidrig, ist als **zweiter Schritt** eine Ausübungskontrolle vorzunehmen.
– Maßgebend ist der **Zeitpunkt** des Vertragsabschlusses, mehr aber noch der Zeitpunkt des Scheiterns der Lebensgemeinschaft.
– Ergibt sich eine evident **einseitige Lastenverteilung**?
– Es ist die **eine Seite** zu betrachten: Erscheint diese Lastenverteilung für den belasteten Ehegatten als **unzumutbar**?
– Es ist aber auch die **andere Seite** zu betrachten: Die **Belange** des anderen Ehegatten und sein **Vertrauen** in die Geltung der getroffenen Abrede sind ebenfalls angemessen zu berücksichtigen.
– Ein Fall der Unzumutbarkeit kann insbesondere dann vorliegen, wenn die tatsächliche einvernehmliche Gestaltung der ehelichen Lebensverhältnisse von der dem Vertrag zugrunde liegenden **Lebensplanung** abweicht.

---

[293] Vgl. BGH FamRZ 2004, 601 – „Archäologin"–.

## b) Nachrangigkeit

Die Ausübungskontrolle (§ 2242 BGB) ist somit nachrangig gegenüber der Bestandskontrolle (§ 138 I BGB). Als Gegenstück zur zurückhaltenden Prüfung bei der Bestandskontrolle fallen im Rechtsleben die **meisten Beanstandungen** bei der Ausübungskontrolle an. Die Ausübungskontrolle **unterscheidet** sich von der Wirksamkeitskontrolle/Bestandskontrolle nicht nur in ihren Voraussetzungen, sondern grundlegend auch in ihren Folgen. Während bei der Bestandskontrolle zumindest der beanstandete Punkt nichtig ist und nichtig bleibt, bleibt der Vertrag bei der Ausübungskontrolle wirksam. Es ist aber zu prüfen, ob und inwieweit die Berufung auf den Ausschluss gesetzlicher Scheidungsfolgen angesichts der aktuellen Verhältnisse nunmehr missbräuchlich erscheint und deshalb das Vertrauen des Begünstigten in den Fortbestand des Vertrages nicht mehr schutzwürdig ist (unzulässige Rechtsausübung).

## c) Prüfungszeitpunkt

Was den Prüfungszeitpunkt angeht, bedeutet dies, dass eine Änderung der Verhältnisse dazu führen kann, dass die zunächst zulässige Rechtsausübung **später** missbräuchlich wird. Sie bedeutet aber auch, dass eine gegen § 242 BGB verstoßende Rechtsausübung bei Änderung der Verhältnisse wieder zulässig wird[294]. Die Rechtsausübung kann jedoch sowohl beim Abschluss der Vertrages als auch beim Scheitern der Ehe missbräuchlich sein, ohne dass sie den Grad der Sittenwidrigkeit erreicht.

## d) Rechtsfolgen

Bei der **Ausübungskontrolle** soll der **Richter** nach der grundlegenden BGH-Entscheidung[295] diejenige **Rechtsfolge anordnen,** die den berechtigten Belangen beider Parteien in der nunmehr eingetretenen Situation in ausgewogener Weise Rechnung trägt. Es ist also eine **angemessene Vertragsänderung** vorzunehmen und zwar mit dem Ziel, die Rechtsausübung vom Makel der Unzulässigkeit zu befreien und sie auf ein zulässiges Maß zu reduzieren oder entsprechend umzuwandeln – also eine Nachbesserung. Soweit ersichtlich, geht es dem BGH hierbei um einen **Nachteilsausgleich, nicht** um eine **nachträgliche Besserstellung,** beispielsweise auf Grund des gestiegenen Einkommens des anderen Ehegatten[296]. Wie der BGH in mehreren Entscheidungen[297] ausgeführt hat,

---

[294] Vgl. BGHZ 12, 286, 308; 52, 365, 368.
[295] BGH FamRZ 2004, 601, 606 – „Archäologin" –.
[296] Vgl. BGH FamRZ 2007, 974 – „Einkommenssteigerung" –.
[297] Vgl. z.B. BGH FamRZ 2004, 601 – „Archäologin" – zum Anschlussunterhalt nach Kindesbetreuung; BGH FamRZ 2005, 185 – „Versorgungsausgleich 2" – zum Versorgungsausgleich.

wird die Nachbesserung meist darin bestehen, die **ehebedingten Nachteile** auszugleichen. Der durch einen wirksamen Ehevertrag benachteiligte Ehegatte darf im Rahmen der Ausübungskontrolle nicht besser gestellt werden, als er sich ohne Übernahme des Risikos des Fehlschlagens eines gemeinsamen Lebensplanes – also insbesondere bei kontinuierlicher Fortsetzung seines vorehelichen Berufswegs – stünde. Mit anderen Worten: Im Wege der Vertragsanpassung kann der Unterhalt den Verdienst nicht überschreiten, der erzielt worden wäre, wenn der benachteiligte Ehegatte nicht geheiratet und in der Ehe auf eine Erwerbstätigkeit verzichtet hätte[298]. Die ehelichen Lebensverhältnisse sind dabei nicht maßgebend. Daraus ist zu schließen, dass der BGH dem **Teilhabegedanken** im Unterhaltsrecht zumindest kein großes Gewicht beimisst. Die mit dem Unterhaltsrechtsänderungsgesetz zum 1. Januar 2008 eingeführte Bestimmung des § 1578b BGB zur Herabsetzung und zeitlichen Begrenzung des Unterhalts bedeutet eine weitere Stütze für diese Rechtsansicht.

### 4. Teilunwirksamkeit und salvatorische Klauseln bei der Ausübungskontrolle

#### a) Mehrteiliger Ehevertrag

In der Praxis werden regelmäßig nur **einzelne Teile** eines mehrteiligen Ehevertrages oder eines sonstigen familienrechtlichen Vertrags im Wege der Ausübungskontrolle zu beanstanden sein. Ausgeschlossen ist aber auch nicht, dass dies für **alle Punkte** des Vertrages erfolgen kann. Denkbar ist z.B. ein Fall, dass die Beanstandung aus subjektiven Gründen erfolgt, die dem begünstigten Vertragspartners nicht bekannt waren, z.B. in einer momentan schwierigen psychischen Verfassung des anderen Vertragspartners. Auch für solche Fälle gilt das Nachfolgende.

#### b) Anforderungen an salvatorische Klausel

Beurteilt man die Bedeutung salvatorischer Klauseln bei der Ausübungskontrolle, dann ist vom Grundsatz der Vertragsfreiheit auszugehen. Das bedeutet ein Zweifaches: (1) Die salvatorische Klausel ist grundsätzlich zu respektieren, es sei denn, sie selbst wäre nach den Grundsätzen der richterlichen Inhaltskontrolle zu beanstanden. (2) Für die nach Anwendung der salvatorischen Klausel eintretende alternative Bestimmung gelten ebenfalls die Grundsätze der richterlichen Inhaltskontrolle. Das bedeutet, dass salvatorische Klauseln bei der Ausübungskontrolle von größter Bedeutung sind. Ihre Aufgabe können sie aber nur

---

[298] So ausdrücklich BGH FamRZ 2007, 974, 977 – „Einkommenssteigerung" –.

## 4. Teilunwirksamkeit u. salvatorische Klauseln bei der Ausübungskont. 101

dann erfüllen, wenn sie die ersatzweise eintretende Bestimmung **inhaltlich genau festlegen,** eine pauschale Klausel führt meist nur dazu, dem Richter die Anordnung der Rechtsfolge zu übertragen – was auch ohne salvatorische Klausel zu geschehen hat. Deshalb sollte auch die zunächst bestechend wirkende Möglichkeit, eine salvatorische Klausel des Inhalts aufzunehmen, dass bei Beanstandung einer Bestimmung generell die ehebedingten Nachteile auszugleichen sind, nicht weiter verfolgt werden. Der möglichen richterlichen Vertragsänderung sollte stattdessen mit einer salvatorischen Klausel vorgegriffen werden, welche den Ausgleich ehebedingter Nachteile konkret Punkt für Punkt vorsieht.

**Formulierungsvorschlag:**

„Sollte die vorstehende Bestimmung nicht wirksam sein oder sollte sich der Ehemann auf diese Bestimmung nicht berufen dürfen, gelten für den nachehelichen Ehegattenunterhalt grundsätzlich die gesetzlichen Bestimmungen, jedoch mit der Maßgabe, dass der Unterhaltsbedarf der Ehefrau nach oben auf den Betrag begrenzt wird, der sich errechnet, wenn als Maß des nachehelichen Unterhalts nicht die ehelichen Lebensverhältnisse, sondern jeweils die Einkommensverhältnisse einer Krankenschwester im öffentlichen Dienst der Tarifgruppe KR 5 A nach der für das jeweilige Alter der Ehefrau einschließlich etwaiger Kinderzuschläge zugrunde gelegt werden. Hierbei handelt es sich um einen Bruttobetrag; das bedeutet, dass bei der Ermittlung des Unterhaltsbedarfs jeweils ein Betrag abzuziehen ist, der den Aufwendungen für Steuer und Versicherungen entspricht, und zwar in der Höhe, in der er nach den für ein solches Einkommen maßgebenden Vorschriften unter Berücksichtigung der persönlichen Verhältnisse der Ehefrau zu zahlen wäre. Sollte dieser Tarifvertrag in seiner jetzigen Form nicht fortgeführt werden, so tritt an seine Stelle der dann für Krankenschwestern im öffentlichen Dienst maßgebliche Tarifvertrag in seiner jeweils aktuellen Form und der jetzigen Tarifgruppe entsprechenden Höhe. Sollte die Ehefrau bis zur Geburt des ersten Kindes in eine höhere Tarifgruppe aufgerückt sein oder sollte zu diesem Zeitpunkt ein Aufrücken zu erwarten gewesen sein, gilt das für die Tarifgruppe KR 5 A Gesagte in entsprechender Anwendung.

Hintergrund dieser Regelung ist, dass die Ehegatten übereingekommen sind, die Ehefrau werde bis zur Geburt des gemeinsamen Kindes als Krankenschwester der Tarifgruppe Kr 5 A berufstätig sein. Bei Zweifelsfragen sind die obigen Klauseln deshalb so anzuwenden, dass der Ehefrau diese bisher bestehende wirtschaftliche Stellung gesichert ist."

## XI. Prozessuale Fragen

### 1. Darlegungs- und Beweislast

#### a) Grundsatz

Jede Partei trägt die Darlegung- und Beweislast dafür, dass der Tatbestand der ihr **günstigen Rechtsnorm** erfüllt ist. Wer eine Rechtsfolge für sich in Anspruch nimmt, hat die rechtsbegründenden Tatsachen zu behaupten und zu beweisen, der Gegner die rechtshindernden. Jeder von ihnen hat auch die tatsächlichen Umstände darzulegen und zu beweisen, die Grundlage einer für ihn günstigen Auslegung sind[299]. Auf die richterliche Inhaltskontrolle von Eheverträgen und Scheidungsvereinbarungen bezogen bedeutet dies, dass denjenigen Ehegatten, der den Vertrag angreift, die Darlegungs- und Beweislast für die Tatsachen trifft, aus denen er die Beanstandungsfähigkeit herleitet[300]. Hingegen trägt der andere Ehegatte die Darlegungs- und Beweislast dafür, dass die Tatsachen für einen erfolgreichen Angriff nicht vorliegen.

#### b) Ausnahmen

Diese Grundregel für die Darlegungs- und Beweislast gilt, soweit nicht das Gesetz eine Regelung trifft oder aus praktischen Gründen speziellere Regelungen eingreifen[301]. Bezüglich der richterlichen Inhaltskontrolle von Eheverträgen und Scheidungsvereinbarungen ist eine von diesem Grundsatz abweichende gesetzliche Regelung nicht ersichtlich, auch praktische Gründe sind es nicht. Allerdings hat der BGH mehrmals von einem **„Indiz"** im Zusammenhang mit dem Vertragsabschluss bei **Schwangerschaft** der Frau gesprochen und ausgeführt, eine Schwangerschaft der Frau bei Abschluss des Ehevertrages vermöge für sich allein zwar noch keine Sittenwidrigkeit zu begründen, ein in dieser Situation erklärter Unterhaltsverzicht indiziere aber eine ungleiche Verhandlungsposition und damit eine Disparität beim Vertragsabschluss[302]. Ein solcher Vertrag sei deshalb einer „verstärkten richterlichen Inhaltskontrolle zu unterziehen[303]. Wie vorhin bereits ausgeführt[304], können diese Begriffe nicht zu einer Abkehr von der traditionellen Handhabung der Darle-

---

[299] Siehe *Reichold* in Thomas/Putzo vor § 285 ZPO Rn. 23.
[300] Siehe als Beispiel OLG Karlsruhe FamRZ 2007, 479.
[301] Siehe *Reichold* aaO.
[302] BGH FamRZ 2005, 1444, 1447 mit kritischer Anm. *Bergschneider.*
[303] BGH FamRZ 2005, 1444, 1447 – „Schwangere 1" – ; so schon die Vorgabe des BVerfG FamRZ 2001, 985.
[304] Siehe oben VII.6.

gungs- und Beweislast bedeuten, sondern allenfalls die Beweiswürdigung beeinflussen.

Anders kann es allerdings bei einem **Totalverzicht** sein. Der Auffassung des OLG Karlsruhe[305], für eine tatsächliche Störung der Verhandlungsparität bei Abschluss eines Ehevertrages spreche eine tatsächliche Vermutung, wenn die Parteien eine evident einseitig belastende ehevertragliche Regelung getroffen haben, ohne dass hierfür ein nachvollziehbarer Grund erkennbar sei, wird man wohl zustimmen müssen. Es könnte deshalb nahe liegen, die Darlegungs- und Beweislast vertraglich zu regeln. Ob eine solche Festlegung bei einer „verstärkten richterlichen Inhaltskontrolle" oder einem Totalverzicht Bestand hat, ist aber eher fraglich.

## 2. Alte Urteile und bei früheren Scheidungen nicht geltend gemachte Rechte

Was geschieht mit alten Fällen, in denen **nachehelicher Unterhalt** nicht geltend gemacht wurde oder in denen eine Klage auf nachehelichen Unterhalt abgewiesen oder in der Scheidung ein **Versorgungsausgleich** nicht durchgeführt wurde, und zwar auf Grund einer ehevertraglichen **Verzichtsvereinbarung,** die nach heutiger Rechtsprechung zu beanstanden, eventuell sogar als sittenwidrig zu qualifizieren ist? Wie ist es bei der Gütertrennung oder modifizierten Zugewinngemeinschaft?

### a) Ehegattenunterhalt

Es ist zu **unterscheiden,** ob im Hinblick auf den Ehevertrag die Geltendmachung von Unterhalt unterlassen wurde, also kein Unterhaltstitel vorliegt oder ob Unterhalt geltend gemacht und die Klage im Hinblick auf den Ehevertrag rechtskräftig ganz oder teilweise abgewiesen worden ist.

– Liegt **kein Titel** vor, kann man Unterhalt für die Zukunft geltend machen, selbstverständlich vorausgesetzt, dass ein Unterhaltstatbestand und Bedürftigkeit (noch) vorliegen, jedoch kein Fall der zeitlichen Begrenzung nach § 1578b BGB oder der Versorgung nach § 1579 BGB. Eine Verwirkung des Stammrechts ist grundsätzlich nicht anzunehmen[306]. Da bei der Geltendmachung von Unterhalt für die Vergangenheit die Verzugsvoraussetzungen (§ 1585b II und III BGB) zu beachten sind, wird sich die Frage, für welchen zurückliegenden Zeitraum Unterhalt verlangt werden kann, in der Praxis heute nicht mehr stellen.
– Liegt ein abweisender oder teilweise abweisender **Titel** vor, ist die einschlägige Rechtsprechung des BGH – im Zusammenhang mit seiner

---

[305] OLG Karlsruhe FamRZ 2007, 477 mit Anm. *Bergschneider.*
[306] Vgl. OLG Saarbrücken MittBayNot 2004, 448.

**Surrogatsrechtsprechung** – heranzuziehen, wonach eine grundlegende Änderung der Rechtsprechung einen Abänderungsgrund i.S. von § 323 ZPO darstellt[307]. Ansonsten gelten die gleichen materiell-rechtlichen Voraussetzungen, wie wenn kein Titel vorläge.

### b) Versorgungsausgleich

In der Praxis gibt es dazu folgende **Varianten:**

– In einzelnen Urteilen hat das Familiengericht in seinen **Entscheidungsgründen** zwar ausgeführt, dass über den Versorgungsausgleich nicht zu entscheiden sei, da die Parteien den Versorgungsausgleich ausgeschlossen haben, dieser Ausspruch findet sich jedoch im **Tenor** des Urteil nicht wieder. In einem solchen Fall kann trotz der Rechtskraft des Scheidungsurteils der Versorgungsausgleich noch nachträglich durchgeführt werden[308]. Die Feststellung hat nämlich lediglich deklaratorischen Charakter und unterliegt deshalb nicht der Rechtskraft.
– In anderen Urteilen ist der Versorgungsausgleich wegen des vertraglichen Verzichts weder im **Urteilstenor** noch in den **Urteilsgründen** erwähnt. Hier gilt Gleiches.
– Ist im Ehevertrag auf Versorgungsausgleich verzichtet oder ist die Vereinbarung über den Verzicht des Versorgungsausgleichs **genehmigt** und im **Tenor** ausgesprochen worden, dass ein Versorgungsausgleich nicht stattfindet, dann kann der Versorgungsausgleich trotz mittlerweile eingetretener Rechtskraft der Scheidung noch durchgeführt werden. Der deklaratorischen Feststellung im Verbundurteil, dass der Versorgungsausgleich im Hinblick auf die Ausschlussvereinbarung im Ehevertrag nicht stattfindet, kommt keine Rechtskraftwirkung zu[309].
– In all diesen Fällen bedarf es nur eines Verfahrensantrags.

### c) Zugewinnausgleich

Hier gilt im Grundsatz das Gleiche wie beim nachehelichen Unterhalt. Allerdings ist hier die Verjährungsvorschrift des § 1378 IV 1 BGB zu beachten.

### 3. Geltendmachung im laufenden Prozess

Im Rahmen eines **Ehescheidungsverfahrens** oder eines **isolierten Verfahrens** gibt es verschiedene Möglichkeiten, die Rechte aus der Un-

---

[307] Vgl. BGH FamRZ 2003, 848 und 1734; *Gerhard/von Heintschel-Heinegg/Klein,* FA-FamR, 6. Kap. Rn. 650a und 661a.
[308] So OLG Nürnberg FamRZ 2005, 454; OLG Hamm FamRZ 2007, 1257.
[309] So BGH FamRZ 1991, 681; OLG Düsseldorf NJW 2006, 234.

wirksamkeit eines Ehevertrages aufgrund richterlicher Inhaltskontrolle prozessual geltend zu machen:

### a) Stufenklage zum Unterhalt und zum Zugewinnausgleich

Die Ansprüche aus nachehelichem Unterhalt oder/und Güterrecht werden als Folgesache gem. § 623 ZPO oder in einem isolierten Verfahren anhängig gemacht, und zwar als Stufenklage i. S. von § 254 ZPO mit dem Auskunftsanspruch als erster Stufe und den Ansprüchen auf Abgabe der eidesstattlichen Versicherung und Zahlung als zweiter bzw. dritter Stufe. Die Klage wird mit der Unwirksamkeit des Ehevertrages, in dem der Unterhalt oder/und der Zugewinnausgleich ganz oder teilweise ausgeschlossen sind, begründet. Das Familiengericht hat daraufhin die Wirksamkeit des Ehevertrages **inzident** zu prüfen. Hinzuzufügen ist allerdings, dass die Verurteilung zur Auskunft nicht immer eine endgültige Beanstandung des Ehevertrages zur Folge haben wird, weil manchmal erst nach erfolgter Auskunftserteilung der Umfang der Benachteiligung zu ermessen ist (objektive Seite).

### b) Versorgungsausgleich

Geht es um die Wirksamkeit des Ausschlusses oder der Beschränkung des Versorgungsausgleichs, bedarf es zwar keines mit der Stufenklage vergleichbaren Antrags, da der Versorgungsausgleich gem. § 623 I 3 ZPO im so genannten Zwangsverbund mit der Ehescheidung steht. Obwohl über den Versorgungsausgleich gem. §§ 621a I 1, 621 I Nr. 6 ZPO im **amtswegigen Verfahren** zu entscheiden ist, ist es aber regelmäßig erforderlich, das Familiengericht über die Tatsachen zu informieren, auf welche die Unwirksamkeit des Ehevertrages gestützt wird. Üblicherweise werden diese Informationen in die Form eines „Antrags" auf Durchführung des Versorgungsausgleichs gekleidet.

## 4. Feststellungsklagen

### a) Feststellungsklage im Verbund

Der BGH[310] hat die bereits von mehreren Obergerichten vertretene Auffassung[311] bestätigt, dass die auf Sittenwidrigkeit beruhende Unwirksamkeit eines Ehevertrages auch mit der Feststellungsklage i. S. von § 256 ZPO und der **Zwischenfeststellungsklage** geltend gemacht werden kann, und zwar jeweils auch in der **Variante** der Widerklage gegen den Scheidungsantrag. Das System des Verbundverfahrens kennt zwar an

---

[310] FamRZ 2005, 691.
[311] Vgl. z. B. OLG Düsseldorf FamRZ 2005, 282.

und für sich keine die gesamten Folgesachen umfassenden Anträge, doch ist das Urteil des BGH dahingehend zu verstehen, dass ein den gesamten Ehevertrag umfassender Feststellungsantrag auf Unwirksamkeit der Regelung von Unterhalt, Güterrecht und Versorgungsausgleich zulässig ist. Man kann in einem solchen Fall aber auch eine spezielle Folgesache (z.B. Unterhalt) anhängig zu machen und beantragen, den Ehevertrag insgesamt für unwirksam zu erklären. Dies kann auch im Rahmen der Folgesache Versorgungsausgleich erfolgen, über den im Verbund mit der Scheidung stets zu befinden ist. Wenn der BGH auch nur zur Klage auf Feststellung der Unwirksamkeit wegen Sittenwidrigkeit (**Bestandskontrolle** nach § 138 I BGB) entschieden hat, ist kein Grund ersichtlich, den Feststellungsantrag – bei entsprechend differenzierter Antragstellung – auch bezüglich der **Ausübungskontrolle** (§ 242 BGB) anhängig zu machen.

### b) Isolierte Feststellungsklage

Ob eine allgemeine Feststellungsklage, um die mögliche Sittenwidrigkeit des Vertrages feststellen zu lassen, zulässig ist, ist bestritten. So hat das OLG Frankfurt[312] gemeint, dass vor Einreichung eines Scheidungsantrags für eine solche Klage kein Rechtsschutzinteresse bestehe. In der Literatur[313] wird die gegenteilige Auffassung mit der Begründung vertreten, dass sich manche Eheleute nicht scheiden lassen, aber wissen wollen, ob der Vertrag wirksam ist. Gleiches gilt für die Interessenlage nach Abschluss einer Scheidungsvereinbarung. Für die Durchsetzung eines solchen Interesses muss es einen prozessualen Weg geben.

## 5. Gerichtlich protokollierte Scheidungsfolgenvereinbarungen

Hier ist zu unterscheiden, ob man sich auf **Sittenwidrigkeit** oder **unzulässige Rechtsausübung** beruft.

### a) Sittenwidrigkeit

Geht man gegen einen solchen gerichtlichen – und bezüglich des Versorgungsausgleichs familiengerichtlich genehmigten – Vergleich mit der Begründung vor, er sei gemäß den Grundsätzen der richterlichen Inhaltskontrolle nach § 138 I BGB sittenwidrig (**Bestandskontrolle, Wirksamkeitskontrolle**), dann ist nach der Rechtsprechung zum **nichtigen**

---

[312] OLG Frankfurt FamRZ 2005, 457 mit kritischer Anm. *Herr.*
[313] Vgl. Schnitzler/*Kogel,* Münchener AnwaltsHandbuch Familienrecht § 24 Rn. 121.

### 5. Gerichtlich protokollierte Scheidungsfolgenvereinbarungen 107

**Prozessvergleich** zu verfahren; ein solcher Prozessvergleich beendet nämlich die Rechtshängigkeit bezüglich der anhängigen Verfahren nicht[314]. Das bedeutet, dass das durch den Vergleich vermeintlich abgeschlossene **Verfahren fortzuführen** ist. Einer neuen Klage bedarf es somit nicht.

Wird ein gerichtlicher Vergleich nach § 127a BGB über nicht anhängige Gegenstände abgeschlossen und ist der Vergleich wegen Sittenwidrigkeit nichtig, dann ist er nicht existent. Eine (neue) Feststellungsklage über die Wirksamkeit oder Unwirksamkeit des Vergleichs muss in einem solchen Fall als zulässig erachtet werden.

#### b) Unzulässige Rechtsausübung

Anders ist die prozessuale Rechtslage, wenn der Angriff mit dem Hinweis auf eine unzulässige Rechtsausübung nach § 242 BGB (**Ausübungskontrolle**) begründet wird. Hält nämlich die Berufung eines Ehegatten auf den vertraglichen Ausschluss von Scheidungsfolgen zwar der Bestandkontrolle, nicht aber der Ausübungskontrolle stand, so führt dies, wie der BGH ausdrücklich feststellt[315], im Rahmen des § 242 BGB noch nicht zur Unwirksamkeit des vertraglich vereinbarten Ausschlusses. Der Vertrag bleibt damit wirksam; es stellt lediglich einen Missbrauch der durch den Vertrag eingeräumten Rechtsmacht dar, wenn der eine Ehegatte sich gegenüber dem anderen Ehegatten darauf beruft, die gesetzliche Scheidungsfolge sei abbedungen[316]. Prozessual hat dies zur Konsequenz, dass der Prozessvergleich die Rechtshängigkeit beendet hat und in einem **neuen Verfahren** zu überprüfen ist, ob die Berufung auf den darin enthaltenen Verzicht eine unzulässige Rechtsausübung bedeutet.

#### c) Gemeinsames Verfahren

Prozessual lässt sich eine solch **unterschiedliche Behandlung** von Fällen der Bestandskontrolle einerseits und der Ausübungskontrolle andererseits durchaus bewältigen. In der anwaltlichen Praxis wird man einen Prozessvergleich mit der Berufung auf Sittenwidrigkeit, hilfsweise auf unzulässige Rechtsausübung angreifen. Dies ist in einem **einzigen Verfahren** möglich. Und zwar in der Weise, dass – wie vorhin erwähnt – Antrag auf Fortführung des noch anhängigen und auf die Nichtigkeit des Vergleichs gestützte Verfahren gestellt, aber gleichzeitig hilfsweise Klage bezüglich der unzulässigen Rechtsausübung erhoben wird. Zwar ist die Klageerhebung als Prozesshandlung grundsätzlich bedingungsfeindlich, doch kann sie von einer sog. **innerprozessualen Bedingung** abhängig

---

[314] Vgl. BGHZ 41, 310; 79, 71; Zöller/*Stöber* § 794 Rz. 13.
[315] Vgl. BGH FamRZ 2004, 601, 606 – „Archäologin" –.
[316] Vgl. BGH aaO.

gemacht werden. So wird es als zulässig erachtet, einen Klageantrag hilfsweise zu stellen, d.h. von dem Ergebnis der Sachentscheidung des Gerichts über einen anderen Anspruch abhängig zu machen[317]. So ist es hier.

**d) Vergleich über einzelnen Gegenstand**

In entsprechender Weise sind diejenigen Vergleiche zu behandeln, in denen **einzelne Gegenstände rechtshängig** waren und andere nicht. Bezüglich der rechtshängigen und als nichtig gerügten Gegenstände ist das Verfahren fortzuführen. Bezüglich der nicht rechtshängigen Gegenstände kann hilfsweise eine Klage erhoben werden. In beiden Fällen in erster Linie gestützt auf Sittenwidrigkeit, hilfsweise auf unzulässige Rechtsausübung.

---

[317] Siehe Zöller/*Greger* § 252 ZPO Rz. 1.

## XII. Schlusswort

Mir ist bewusst, dass ich in diesem Buch **viele Probleme nicht angesprochen** habe. Dies gilt insbesondere für Abwägungsprobleme. Uns allen sollte bewusst sein, dass die Praxis Probleme bringen wird, an die wir heute alle noch nicht denken. Schließlich sollte klar sein: Die – noch dazu uneinheitlichen – obergerichtlichen Entscheidungen reichen nicht aus, alle aufgetretenen und auftretenden Fragen zu beantworten. Dies gilt umso mehr, als der BGH seine Urteilsgründe mit dem Geständnis einleitet, wobei ich mich wiederhole:

*"Nach Auffassung des Senats lässt sich nicht allgemein und für alle denkbaren Fälle abschließend beantworten, unter welchen Voraussetzungen eine Vereinbarung, durch welche Ehegatten ihre unterhaltsrechtlichen Verhältnisse oder ihre Vermögensangelegenheiten für den Scheidungsfall abweichend von den gesetzlichen Vorschriften regeln, unwirksam ist (§ 138 BGB) oder die Berufung auf alle oder einzelne vertragliche Regelungen unzulässig macht (§ 242 BGB)."*[318]

Dem **BGH** kommt nach der recht generellen Kritik des BVerfG an der bis damals herrschenden Rechtsprechung das **Verdienst** zu, nicht den Weg in eine reine Kasuistik gewiesen zu haben, sondern eine Struktur zur Verfügung gestellt zu haben, die der Praxis die Arbeit wesentlich erleichtert. Die Kernbereichslehre zum Unterhalt und zum Versorgungsausgleich insgesamt und die Abstufung der einzelnen Tatbestände sowie die Einordnung des Güterrechts gestatten bis zu einem hohen Grad die Unterscheidung zwischen kontrollfesten und nicht kontrollfesten Verträgen. Die sich anschließende Abschätzung der Folgen eines nicht kontrollfesten Vertrags im Wege der Bestandskontrolle und der Ausübungskontrolle gewährt eine **Rechtssicherheit,** die im Hinblick auf die Rechtsgrundlage von § 138 I BGB und § 242 BGB und die fast grenzenlose Gestaltungsvielfalt in Eheverträgen und in Scheidungsvereinbarungen aber **nur beschränkt** sein kann. In ihrer weiteren Rechtsprechung werden der BGH und die Oberlandesgerichte die Rechtsprechung zur richterlichen Inhaltskontrolle weiter präzisieren können, wobei zu hoffen ist, dass die verhältnismäßig liberale Rechtsprechung des BGH beibehalten werden kann und ihr die Instanzgerichte folgen.

Das Buch von *Johann Braun*[319] über **Rechtsphilosophie** im 20. Jahrhundert trägt den Untertitel „Die Rückkehr der Gerechtigkeit". Es ist au-

---

[318] BGH FamRZ 2004, 601, 604.
[319] Verlag C. H. Beck, München 2001.

genfällig, dass die neue Rechtsprechung zur richterlichen Inhaltskontrolle auf dieser Linie liegt und mit dieser Rechtsprechung mehr **Gerechtigkeit** gesucht wurde, aber trotz der Bemühungen des BGH viel an **Rechtssicherheit** und damit Vertrauen in bestehende und künftig kontrollfeste Verträge verloren gegangen ist. Gerechtigkeit wird ihren Platz aber immer irgendwo zwischen der Unbestimmbarkeit und der Bestimmbarkeit einnehmen[320].

---

[320] So *Fögen*, Das Lied vom Gesetz, S.110.

# Anhang 1

## Prüfungs-Schema zur richterlichen Inhaltskontrolle von Eheverträgen und Scheidungsvereinbarungen

### A. Objektive Seite

### I. Vergleich zwischen gesetzlichen Ansprüchen und vertraglicher Regelung

1. **Nachehelicher Unterhalt**
   a) Unterhalt wegen Betreuung eines Kindes (§ 1570 I BGB)
   b) Solidaritätsunterhalt (§ 1570 II BGB)
   c) Unterhalt wegen Alters (§ 1571 BGB)
   d) Unterhalt wegen Krankheit oder Gebrechen (§ 1572 BGB)
   e) Unterhalt wegen Erwerbslosigkeit (§ 1573 I BGB)
   f) Aufstockungsunterhalt (§ 1573 II BGB)
   g) Unterhalt wegen Ausbildung, Fortbildung oder Umschulung (§ 1575 BGB)
   h) Unterhalt aus Billigkeitsgründen (§ 1576 BGB)
   i) Erweiterung der Härtegründe (§ 1579 BGB)

2. **Versorgungsausgleich**
   a) Öffentlichrechtlicher Versorgungsausgleich (§§ 1587a ff. BGB)
   b) Schuldrechtlicher Versorgungsausgleich (§§ 1587f ff. BGB)

3. **Güterrecht**
   a) Gütertrennung (§§ 1408 I, 1414 BGB)
   b) Modifizierung der Zugewinngemeinschaft (§§ 1408 I, 1363ff. BGB)
   c) Gütergemeinschaft (Verwaltung des Gesamtgutes durch einen Ehegatten, §§ 1422ff. BGB)

4. **Erbrecht**
   a) Erbverzicht (§§ 2346ff. BGB)
   b) Pflichtteilsverzicht (§ 2346 II BGB)
   c) Sonstige Erbbeschränkungen, wie Nacherbschaft (§§ 2100ff. BGB)

### II. Wertigkeit des Verzichts (Kernbereichslehre, Ranking)

1. **Nachehelicher Unterhalt**
   **Elementarunterhalt**
   a) 1. Rangstelle: Unterhalt wegen Betreuung eines Kindes (§ 1570 I BGB)
   b) 2. Rangstelle: Unterhalt wegen Alters (§ 1571 BGB) und wegen Krankheit oder Gebrechen (§ 1572 BGB)
   c) 3. Rangstelle: Unterhalt wegen Erwerbslosigkeit (§ 1573 I BGB)
   d) 4. Rangstelle: Aufstockungsunterhalt (§ 1573 II BGB) und Unterhalt wegen Ausbildung, Fortbildung oder Umschulung (§ 1575 BGB). Zu berücksichtigen ist aber die hohe Bedeutung des Aufstockungsunterhalts als Anschlussunterhalt nach § 1570 I BGB.

**e)** Ungeklärt ist die Wertigkeit des Solidaritätsunterhalts (§ 1570 II BGB) und des Unterhalts aus Billigkeitsgründen (§ 1576 BGB).

**Vorsorgeunterhalt**
Ankoppelung an den jeweiligen Elementarunterhalt

## 2. Versorgungsausgleich
Zweite Rangstelle innerhalb der Kernbereichslehre.

## 3. Güterrecht
Außerhalb des Kernbereichs und unterliegt regelmäßig keiner Beschränkung. Zu beachten ist, dass bei einer Sittenwidrigkeit des Vertrages sich die Sittenwidrigkeit auf die güterrechtliche Regelung erstrecken kann.

## 4. Erbrecht
Höchstgerichtlich und obergerichtlich noch nicht geklärt. Unterliegt regelmäßig keiner Beschränkung. Probleme können sich jedoch bei einer Sittenwidrigkeit des Ehevertrages ergeben, wobei die Erstreckung der Sittenwidrigkeit auf den erbrechtlichen Teil nicht ausgeschlossen ist.

# B. Subjektive Seite

## I. Zustandekommen des Vertrags

### 1. Belehrung durch Notar
Hat der Notar hinreichend über den Inhalt und die Konsequenzen des Vertrags belehrt?
- **a)** Was steht dazu im Vertrag?
- **b)** Wie gestalteten sich die Vorbesprechungen beim Notar?
- **c)** Hat sie der Notar persönlich geführt?
- **d)** Wie lange hat der Bekundungstermin gedauert?

### 2. Dauer der Vertragsverhandlungen
Wie lange haben die Parteien über den Vertrag verhandelt?
- **a)** Was steht dazu im Vertrag?
- **b)** Haben sie ihre Verhandlungen selbst oder über einen oder zwei Anwälte geführt?
- **c)** Liegt Anwaltskorrespondenz vor?

### 3. Vertragsentwurf
Ist ausreichende Zeit vor der Beurkundung ein Vertragsentwurf zugegangen?
- **a)** Was steht dazu im Vertrag?
- **b)** Ist der Maßstab des § 17 II a Nr. 2 Beurkundungsgesetz beachtet?

### 4. Anwaltliche Beratung
Sind die Parteien auf die – zumindest in schwierigeren Fällen – gegebene Notwendigkeit einer je unabhängigen anwaltlichen Beratung hingewiesen worden?
- **a)** Was steht dazu im Vertrag?
- **b)** Haben sie diese Beratung in Anspruch genommen? Welche Konsequenzen haben sie daraus gezogen?
- **c)** Aus welchen Gründen haben sie eine solche Beratung nicht in Anspruch genommen?

## 5. Zeitpunkt des Vertragsabschlusses
Wurde der Vertrag unmittelbar vor der Heirat abgeschlossen?
a) Wie kam es zu dem knappen Termin?
b) Entsprach die Festlegung dieses Zeitpunkts dem gemeinsamen Willen der Parteien oder nur dem Willen eines von ihnen?
c) Was waren die Gründe für die Festlegung dieses Zeitpunkts?
d) Wurde ein nicht zutreffender Grund für die Festlegung dieses Zeitpunkts vorgeschützt?
e) Wurde der Vertrag nach der Heirat abgeschlossen?

## 6. Scheidungstermin
Wurde der Vertrag unter dem Druck eines Scheidungstermins abgeschlossen?
a) War eine Schwangerschaft mit einem neuen Partner im Spiel?
b) Waren für das Hinausschieben der Scheidung versorgungsrechtliche Gründe oder dergleichen von Bedeutung?

## 7. Initiative
Von wem ging die Initiative zum Abschluss des Ehevertrages aus?

## II. Persönliche Umstände

### 1. Auswirkungen und Bedeutung
Welche Auswirkungen und welche Bedeutung hat der Vertrag für den benachteiligten Vertragsteil?

### 2. Schwangerschaft
War die Frau bei Abschluss des Ehevertrages schwanger?
a) Wurde sie vor die Alternative gestellt, entweder den Ehevertrag abzuschließen oder ein nichteheliches Kind zu bekommen?
b) Was wären für sie unter Berücksichtigung der Neuregelung von § 1615l BGB die Konsequenzen einer nichtehelichen Geburt gewesen?

### 3. Lebenserfahrung, persönliche Defizite
a) Über welche berufliche Ausbildung und Erfahrungen verfügten die Ehegatten?
b) War es die erste Ehe?
c) Wie stand es mit der psychischen Verfassung der Vertragsparteien?
d) War eine der Parteien alkoholkrank oder drogenabhängig?

### 4. Abhängigkeit
Bestand eine ausgeprägte soziale oder wirtschaftliche Abhängigkeit aufgrund eines Arbeits- oder Gesellschaftsverhältnisses mit dem (späteren) Ehegatten?

### 5. Ausweisungsdruck
Stand der ausländische Partner unter Ausweisungsdruck?

### 6. Rückgewähr
Ist im Falle der Beanstandung der begünstigte Ehegatte überhaupt in der Lange, die sich aufgrund der Sittenwidrigkeit oder unzulässigen Rechtsausübung zu erfolgende Rückgewähr zu erbringen?

### III. Formale Gesichtspunkte

**1. Verständlichkeit des Vertrages (Transparenzgebot)**
  a) Ist eine Bestimmung im Vertrag so kompliziert, dass sie nur schwer ausgelegt werden kann?
  b) Enthält die Vereinbarung ohne ausführliche Erläuterung eine Verweisung auf eine oder mehrere Gesetzesbestimmungen, deren Kenntnis bei einem Normalbürger nicht vorausgesetzt werden kann?
  c) Enthält die Vereinbarung nur schwer nachzuvollziehende Berechnungsformeln?

**2. Nicht deutschsprachiger Vertragspartner**
  a) Beachtung von § 16 BeurkG – bei anwaltlich abgeschlossenen Scheidungsvereinbarungen Beachtung dieses Maßstabes?
  b) Hat eine schriftliche Übersetzung vorgelegen?
  c) War bei der Vorbesprechung und im Beurkundungstermin ein – tunlichst beeidigter – Übersetzer anwesend?
  d) War bei einem besonders komplizierten Vertrag ein Fachübersetzer anwesend?

## C. Rechtfertigende Gründe für den Verzicht

### I. Berufung der Parteien auf ihre Vertragsfreiheit

**1.** Nach wie vor sind die Parteien berechtigt, auf ihre sich aus der Ehe ergebenden Rechte zu verzichten.
  a) Was steht dazu im Vertrag?
  b) Verzicht auf der objektiven Seite
  c) Beachtung der subjektiven Seite

**2.** Regelmäßig ausgenommen von der Vertragsfreiheit ist der Unterhalt wegen Betreuung eines Kindes (§ 1570 I BGB)

**3.** Keine Vereinbarung zu Lasten Dritter, z. B. Sozialhilfe

### II. Besondere Verhältnisse der Ehegatten

**1. Gewerbliche und berufliche Interessen bezüglich des Güterrechts**

**2. Sonstige Interessen bezüglich des Güterrechts**
  a) Ererbtes Vermögen
  b) Wunsch nach getrennter Vermögensbildung usw.

**3. Begrenzung des Unterhalts bei hohen Einkommen**

**4. Risikobeschränkung bei Erkrankung des anderen Ehegatten**

**5. Verzicht auf Versorgungsausgleich**
  a) Ehe im Alter geschlossen
  b) phasenverschobene Ehe.

**6. Sonstige berechtigte Belange.**

### III. Ausgleich

**1.** Einmalige oder regelmäßige Zuwendungen im Zusammenhang mit güterrechtlicher Regelung

2. Einmalige oder regelmäßige Zuwendungen mit Zusammenhang mit einem Verzicht auf Versorgungsausgleich (z.B. Lebensversicherung)
3. Sind die versprochenen Leistungen auch erbracht worden?

**D. Folgen eines beanstandeten Ehevertrags**

**I. Sittenwidrigkeit (§ 138 I BGB) – Wirksamkeitskontrolle, Bestandskontrolle – 1. Schritt**

1. Gesamtwürdigung zum Zeitpunkt des Vertragsabschlusses
2. Abbedingung von Regelungen aus dem Kernbereich des Scheidungsfolgenrechts?
3. Umfang der Abbedingung (Schwere und Kumulation)
   a) Ausnahmslose Abbedingung?
   b) Abbedingung zu erheblichen Teilen?
4. Milderung der Nachteile durch anderweitige Vorteile?
5. Rechtfertigung durch besondere Verhältnisse der Ehegatten?
6. Sind einzelne Klauseln sittenwidrig, ist in der Regel der gesamte Vertrag nichtig, wenn nicht anzunehmen ist, dass er auch ohne die nichtigen Klauseln geschlossen worden wäre.
7. Ist der Inhalt des Vertrags für einen Ehegatten ausnahmslos nachteilig, dann ist der gesamte Vertrag sittenwidrig, wenn nicht Einzelregelungen durch berechtigte Belange des anderen Ehegatten gerechtfertigt sind.
8. An die Stelle der sittenwidrigen Regelung im Ehevertrag treten die gesetzlichen Regelungen.

**II. Unzulässige Rechtsausübung (§ 242 BGB) – Ausübungskontrolle – 2. Schritt**

1. Die Ausübungskontrolle ist nachrangig gegenüber der Bestandskontrolle.
2. Maßgebend ist der Zeitpunkt des Zustandekommens und des Scheiterns der Ehe.
   a) Wie waren die Verhältnisse und die Erwartungen zum Zeitpunkt des Vertragsabschlusses?
   b) Wie sind die Verhältnisse zum Zeitpunkt des Scheiterns der Ehe?
3. Insbesondere:
   a) Ob und inwieweit ist die Berufung des Begünstigten auf den Ausschluss gesetzlicher Scheidungsfolgen angesichts der aktuellen Verhältnisse nunmehr missbräuchlich?
   b) Ob und inwieweit ist das Vertrauen des Begünstigten in den Fortbestand des Vertrages nicht mehr schutzwürdig?
4. Ist die Berufung des Begünstigten zu beanstanden, hat der Richter diejenige Rechtsfolge anzuordnen, die den jetzigen berechtigten Belangen beider Parteien in ausgewogener Weise Rechnung trägt.

## Anhang 2

| Gericht | Datum | Aktenzeichen | BVerfGE/BGHZ | FamRZ | NJW | FPR | FuR | FF | DNotZ | MittBayNot |
|---|---|---|---|---|---|---|---|---|---|---|
| BGH | 14.7.1953 | V ZR 97/52 | 10, 266 | | 53, 1342 | | | | | |
| BGH | 23.2.1956 | II ZR 207/54 | 20, 109 | | 56, 665 | | | | | |
| BVerfG | 15.1.1958 | 1 BvR 400/57 | | | 58, 257 | | | | | |
| BGH | 15.4.1964 | Ib ZR 201/62 | 41, 310 | | 64, 1524 | | | | | |
| BVerfG | 4.5.1971 | 1 BvR 636/68 | 31, 58 | 71, 414 | 71, 1509 71, 2121 (Guradze) | | | | | |
| BGH | 26.4.1972 | IV ZR 18/71 | | 72, 488 | 72, 1414 (Merten) 72, 1799 | | | | | |
| BGH | 3.12.1980 | VIII ZR 274/79 | 79, 71 | | 81, 823 | | | | | |
| BGH | 8.12.1982 | IV b ZR 333/81 | 86, 82 | 83, 137 | 83, 1851 | | | | | 83, 129 |
| BGH | 9.4.1986 | IVb ZR 32/85 | 97, 304 | 86, 655 | 86, 2046 | | | | | |
| BGH | 19.12.1989 | IV b 91/88 | | 90, 372 | 90, 703 | | | | 91, 489 | |
| BVerfG | 7.2.1990 | 1 BvR 26/84 | 81, 242 | | 90, 1469 | | | | | |
| BGH | 6.3.1991 | XII ZB 88/90 | | 91, 681 | | | | | | |
| BGH | 9.7.1992 | XII ZR 57/91 | | 92, 1403 | 92, 3164 | | | | 93, 524 | |
| BGH | 10.2.1993 | XII ZB 80/88 | | 93, 793 | 93, 2044 | | | | | |
| BVerfG | 19.10.1993 | 1 BvR 567/89 | 89, 214 | 94, 151 | 94, 36 | | | | | |
| BGH | 2.10.1996 | XII ZB 1/94 | | 97, 156 | 97, 192 | | | 97, 81 | | |
| BVerfG | 6.2.2001 | 1 BvR 12/92 | 103, 89 | 01, 343 | 01, 957 | 01, 137 | 01, 163 | 01, 59 | | 01, 207 (Schervier) |
| BVerfG | 29.3.2001 | 1 BvR 1766/92 | | 01, 985 | 01, 2248 | 03, 199 | 01, 301 | 01, 128 | | 01, 485 (Schervier) |
| BVerfG | 5.2.2002 | 1 BvR 105/95 | 105, 1 | 02, 527 | | 02, 180 | 02, 134 | 02, 63 | | |
| BGH | 5.2.2003 | XII ZR 29/00 | | 03, 848 | | | | | | |

*Anhang 2* 117

| Gericht | Datum | Aktenzeichen | BVerfGE/BGHZ | FamRZ | NJW | FPR | FuR | FF | DNotZ | MittBayNot |
|---|---|---|---|---|---|---|---|---|---|---|
| BGH | 17.9.2003 | XII ZR 184/01 | | 03, 1734 | | | | | | |
| BGH | 11.2.2004 | XII ZR 265/02 | | 04, 601 | 04, 930 | 04, 209 | | | | 04, 270 |
| BVerfG | 22.3.2004 | 1 BvR 2248/01 | | 04, 765 | 04, 2008 | 04, 376 | | | | |
| BGH | 6.10.2004 | XII ZB 110/99 | | 05, 26 | 05, 137 | | 04, 545 | | | 05, 308 (Brandt) |
| BGH | 6.10.2004 | XII ZB 57/03 | | 05, 185 | 05, 139 | | 05, 228 | | 05, 226 | |
| BGH | 12.1.2005 | XII ZR 238/03 | | 05, 691 | 05, 1370 | | 05, 264 | | 05, 703 | |
| BGH | 25.5.2005 | XII ZR 221/02 | | 05, 1449 | 05, 2391 | | 05, 410 | | 05, 857 | 06, 49 |
| BGH | 25.5.2005 | XII ZR 296/01 | | 05, 1444 | 05, 2386 | | 05, 413 | | 05, 853 | 06, 44 (Brandt) |
| BGH | 17.5.2006 | XII ZB 250/03 | | 06, 1097 | 06, 2331 | | 06, 412 | | 06, 863 | |
| BGH | 5.7.2006 | XII ZR 25/04 | | 06, 1359 (Bergschneider) | 06, 3145 (Rakete-Dombeck) | | | | | |
| BGH | 25.10.2006 | XII ZR 144/04 | | 07, 197 (Bergschneider) | 07, 904 | | 07, 81 | | 07, 128 (Grziwotz) | |
| BGH | 22.11.2006 | XII ZR 119/04 | 170, 77 | 07, 450 | 07, 907 | | | | 07, 302 (Grziwotz) | 07, 405 (Brandt) |
| BVerfG | 28.2.2007 | 1 BvL 9/04 | 118, 45 | 07, 965 (Born) | | | 2007, 310 | | | 07, 497 (Fahl) |
| BGH | 28.2.2007 | XII ZR 165/04 | | 07, 974 (Bergschneider) | 07, 2848 (Kesseler) | | 07, 327 | | | |
| BGH | 28.3.2007 | XII ZR 119/04 | | 07, 1157 | | | 07, 326 | | | |
| BGH | 28.3.2007 | XII ZR 130/04 | | 07, 1310 | 07, 2851 | | 07, 373 | | | |
| BVerfG | 22.6.2007 | 1 BvR 155/98 | | 07, 1531 | | | 07, 414 | | | |
| BGH | 17.10.2007 | XII ZR 96/05 | | 08, 386 | 08, 1076 | 08, 111 | 08, 235 | | 08, 459 | 08, 217 |
| BGH | 28.11.2007 | XII ZR 132/05 | | 08, 582 | 08, 1080 | | 08, 208 | | | |
| BGH | 12.12.2007 | XII ZB 158/05 | | 08, 592 | 08, 994 | | | | | |
| BGH | 6.2.2008 | XII ZR 185/05 | | 08, 859 | 08, 1528 | | | | | |
| BGH | 16.7.2008 | XII ZR 109/05 | | 08, 1739 | | | | | | |

# Sachregister

**Aufenthaltsverbot** 77
**Ausländerehe** 83
**Ausübungskontrolle**
– Formulierungsvorschlag 101
– Grundsätze 98
– Nachrangigkeit 99
– Prüfungszeitpunkt 99
– Rechtsfolgen 99
– Teilwirksamkeit und salvatorische Klauseln 100
– von Eheverträgen 18

**Benachteiligung, unangemessene**
– objektive und subjektive Seite 9
**Bestandskontrolle** 92 ff.
– Einzelfallbeurteilung 93
– Formulierungsvorschlag 97
– Grundsätze 92
– Kritik 94
– Rechtsfolgen 94
– Teilnichtigkeit und salvatorische Klauseln 95
– teilweise begünstigende Klauseln 97
– zurückhaltende Anwendung 93
**Betreuungsunterhalt**
– Anschlussunterhalt 50
– Kindesalter 45
– Solidaritätsunterhalt 51
– Unterhaltshöhe 49
– Zulässigkeit von Vereinbarungen 45 ff.

**Darlegungs- und Beweislast** 102
– Ausnahmen 102
– Grundsatz 102
– Totalverzicht 103
**Dokumentation**
– der Vertragsgestaltung 86

**Eheliches Güterrecht** 60
s. a. Güterrechtsstatut
– Ausgleichszahlungen 64
– Direktversicherung 63
– erbrechtliche Konsequenzen 64
– Globalverzicht 62
– Grenzen der güterrechtlichen Freiheit 61

– Grundsätze 60
– Gütergemeinschaft 67
– Güterstand 61
– modifizierte Zugewinngemeinschaft 66
– steuerrechtliche Vorteile 65
– Totalverzicht 62
– Vermögensregelungen außerhalb des Güterrechts 67
**Eheverträge**
s. a. Bestandskontrolle
s. a. richterliche Inhaltskontrolle
s. a. Vertragsgestaltung
– Anfechtung 90
– Betreuungsunterhalt 44
– formelle Vorkehrungen gegen die Unwirksamkeit 79 ff.
– Gesamtschau 41
– gesetzliche Verbote 88
– im engeren Sinn 33
– im weiteren Sinn 33
– in Krisensituationen 35
– kein Mindestgehalt 40
– Kontrollprüfung 41
– Legaldefinition 33
– obergerichtliche Rechtsprechung 91
– philosophisch-ideologische Hintergründe 3 ff.
– Präambel 78
– privatschriftliche Vereinbarung 34
– prozessuale Fragen 102 ff.
– Prüfungsvorgang 43
– Schutz für den Verpflichteten 42
– steuerlich unkorrekte Regelungen 89
– Störung der Geschäftsgrundlage 87
– verbotene Kommerzialisierung 88
– Vereinbarungen zu Lasten der Sozialhilfe 88
– Vereinbarungen zur Beantragung der Scheidung 89
– verkappte Scheidungsvereinbarungen 35
– Verträge aus zurückliegender Zeit 43
– Vertragsgestaltung und Vertragsabwicklung 79 ff.

– vorsorgende 34
– Wertvorstellungen und Verfassung 3
– Zusagen 42
**Ehewohnung** 77
**Einkommenssteigerung** 27
**Erbverzicht** 73

**Feststellungsklagen** 105
– im Verbund 105
– isolierte 106

**Gesamtwürdigung**
– Ehevertragsinhalt 20
**Globalverzicht** 26, 28
**Güterrecht**
s. a. Eheliches Güterrecht
**Güterrechtsstatut** 75

**Hausrat** 76

**Kernbereichslehre** 15, 20, 51
**Kindesunterhalt**
– Freistellung von 76
**Krankenunterhalt** 31

**Missbrauch der Rechtsmacht** 21

**Nacheheliche Vereinbarungen** 37
**Namensrecht** 77

**Ordre public** 76

**Partnerschaftsvereinbarungen** 38
**Pflichtteilsverzicht** 73
**Präambel** 78
**Prozessuale Fragen**
– alte Urteile 103
– Darlegungs- und Beweislast 102
– Feststellungsklagen 105
– Geltendmachung von Rechten im laufenden Prozess 104
– gerichtlich protokollierte Scheidungsfolgenvereinbarungen 106
– nicht geltend gemachte Rechte 103
– Stufenklage 105
– Versorgungsausgleich 105

**Rangvorschriften**
– Vereinbarungen 58
**Richterliche Inhaltskontrolle** 7 ff.
– Ausübungskontrolle 17
– Bestandskontrolle 17
– Grundrechtsumsetzung 11

– Kernbereichslehre 15
– Kindeswohl 10
– nachfolgende Gesetzesänderungen 12
– Rechtsprechung des BGH 14 ff.
– verfassungsrechtlicher Ausgangspunkt 10 ff.
– Vertragsfreiheit und Schutzzweck 14

**Salvatorische Klausel** 24
**Scheidungsvereinbarungen**
– Anwendung der richterlichen Inhaltskontrolle von Eheverträgen 36
– Ausübungskontrolle 36
– Begriff 35
– Bestandskontrolle 36
– gemeinsames Verfahren 107
– Sittenwidrigkeit 106
– unzulässige Rechtsausübung 107
– Vergleich über einzelne Gegenstände 108
**Schwangerschaft**
– bei Ehevertragsabschluss 22, 25
**Sozialhilfe** 26, 88
**Surrogatsrechtsprechung** 104
104

**Totalverzicht** 72 ff.
– subjektive Seite 72
**Transparenzgebot** 86
**Trennungsvereinbarungen** 37

**Unterhalt wegen Alters** 54
**Unterhalt wegen Krankheit** 53
s. a. Totalverzicht
**Unterhaltsabfindung** 58
**Unterhaltshöhe**
– Beschränkung 57
**Unterhaltsverwirkung**
– Verschärfung 56
**Unterhaltsverzicht**
– privatschriftliche Vereinbarung 7
– weitgehender Verzicht 21

**Verfügungen von Todes wegen** 73
**Versorgungsausgleich** 68 ff.
– Betreuung von gemeinsamen Kindern 71
– Folgen der Ausübungs- und Bestandskontrolle 71
– Hochrangigkeit 68

*Sachregister*

- Nähe zur Genehmigungsbedürftigkeit 69
**Vertragsgestaltung** 79 ff.
- anwaltliche Beratung 80
- ausländerrechtliche Vorteile 85
- Ausweisungsdruck eines ausländischen Ehepartners 84
- Belehrung 79
- Dokumentation 86
- Drucksituation 81
- Ehen mit Ausländern 83
- Lebenserfahrung 82
- persönliche Defizite 83
- Schwangerschaft 81
- Sprachprobleme 83
- Transparenzgebot 86
- Verhandlungsdauer 80
- Vertragsentwurf 80

**Verzicht auf einzelne Unterhaltstatbestände** 51 ff.

**Vorsorgeunterhalt** 23, 59

**Zugewinnausgleich** 29 ff.